Henry R. Darko

De pie en la Brecha

Una iniciativa de Dios

INTERESANTE

ORACIONES

De pie en la Brecha

Una iniciativa de Dios

INTERESANTE

ORACIONES

Henry R. Darko

Información bibliográfica de la Biblioteca Nacional Alemana:
La Biblioteca Nacional Alemana enumera esta publicación en el
Bibliografía Nacional Alemana; los datos bibliográficos detallados están
disponibles en Internet a través de http://dnb.dnb.de.

A menos que se indique lo contrario, todas las citas bíblicas en este libro
están tomadas de la versión King James (KJV) de las Escrituras.

De pie en la Brecha
Derechos de autor © 2023 por Henry R. Darko
Diseño de portada por el autor
Artículo y editor: AD Darko
Editado por el Prof. Dr. Astronauta

Herstellung und Verlag:
BoD – Books on Demand, Norderstedt
ISBN: 9783744874786

DEDICACIÓN

Dedico este libro a Dios Todopoderoso porque Él intercedió por la restauración del hombre pecador para Su gloria.

TABLA DE CONTENIDOS

ACCIÓN DE GRACIAS

Le doy a Dios Todopoderoso toda la gloria y la gloria por las cosas hermosas que ha hecho en mi vida. Fue solo a través de su gracia y misericordia que pude comenzar y completar este proyecto. También estoy agradecido a mi Salvador y Sumo Sacerdote, Jesucristo, quien siempre intercede por mí. Tampoco debo olvidar la guía diaria del Espíritu Santo. Gracias, Jehová, por la fortaleza y sabiduría de escribir este libro.

También agradezco a mi esposa Ama. Ella me dio excelentes comentarios y me animó a completar este proyecto.

Finalmente, estoy agradecido a mis maravillosos hijos que me inspiran a rendir al máximo en todo lo que hago. Dios los bendiga.

Introducción

Estar en la brecha significa orar para que alguien reciba la misericordia de Dios para su restauración (Ezequiel 22:30). Cuando Adán y Eva desobedecieron las leyes de Dios al comer el fruto prohibido en el Jardín, perdieron el dominio, la comunión y la comunión con Él. La rebelión llevó a la caída del hombre y a la separación de Dios, marcando el comienzo de la miseria para la humanidad (Génesis 3). Pero Dios lo sabía, así que preordenó a Jesús, el Sumo Sacerdote, como nuestro último intercesor. Más tarde, Jesús se manifestó como el Cordero divino sacrificado desde la fundación del mundo para interceder por nuestra redención y restauración (1 Pedro 1: 18-21; Apocalipsis. 12:8).

Dios **inicia** y determina **quién, qué, cuándo, cómo y dónde** interceder para Su gloria. Antes de la llegada de Jesús, Dios estableció pactos con personas piadosas, como **Enoc** y **Noé**, tras la rebelión de Adán. A medida que los hombres prosperaban y aumentaban en número, el ciclo de desobediencia continuaba. Por ejemplo, la maldad y la rebelión de Sodoma y Gomorra atrajeron el juicio de Dios, pero Él encontró fiel a **Abraham** y estableció un pacto con él. La oración de Abraham por Sodoma y Gomorra fue la primera intercesión registrada en la Biblia. Dios confirió las promesas de alianza de

Abraham a su hijo **Isaac** y a su nieto **Jacob** (Gn 18, 26-28). Los descendientes de los doce hijos de Jacob se convirtieron en los israelitas esclavizados en Egipto. Después de cuatrocientos treinta años, Dios comisionó a **Moisés como** profeta para sacar a Israel de la esclavitud en Egipto y llevarlo a la Tierra Prometida de Canaán (Éxodo 3:1-18). Moisés fue un gran intercesor para los israelitas durante su viaje de cuarenta años a Canaán.

Dios estableció un pacto con los israelitas para que obedecieran sus leyes y Él los bendijera. Designó a **Aarón** y a **sus descendientes** de la tribu de Leví como sacerdotes que le servían. Debían enseñar y practicar las leyes del pacto. Dios también ordenó a los sacerdotes que intercedieran y expiaran los pecados de Israel con la sangre de animales.

Los sacerdotes desempeñaban sus funciones con excelencia. Con el tiempo, desafiaron la ley y profanaron lo sagrado con la idolatría, no mostrando reverencia por Dios al ofrecer sacrificios imperfectos. Maltrataban a sus esposas y viudas y desatendían a los menos privilegiados de su entorno. Además de la extorsión y el robo, explotaban sin justicia a los residentes extranjeros, engañaban al pueblo y descarriaban a Israel. Por eso, Dios rechazó sus oraciones. Los sacerdotes mancillaron sus deberes y fracasaron en este noble servicio.

Así, el juicio de Dios vino sobre ellos. Por ejemplo, castigó a Elí, el sumo sacerdote, y a sus hijos, por profanar la ofrenda y el sacrificio. Dios honraba a los que obedecían Su Palabra (1 Sam. 2). Así que eligió a la tribu de Judá y estableció Su pacto con el linaje de **David** en Israel. Después de la muerte de Salomón, surgieron dos reinos: el del norte, Israel, y el del sur, Judá. Más tarde, Israel reincidió y sirvió a los ídolos. Al igual que el reincidente Israel, Judá dio gradualmente la espalda a Dios y cometió idolatría. También despreciaron el sábado, hicieron alianzas y buscaron ayuda de Egipto que violaba la ley. Judá se convirtió en un pueblo de pecado e iniquidad, despilfarrando los derechos que Dios les dio.

Por ello, Dios utilizó a profetas como **Isaías** y **Jeremías** para advertir a Judá de su rebelión y predicar el arrepentimiento para evitar la inminente destrucción de Israel. Sin embargo, cuando Judá se negó a prestar atención a la nueva advertencia de Dios, se convirtieron en víctimas del cautiverio babilónico y fueron al exilio. Sin embargo, Dios restauró un remanente de Judá debido a Su pacto con David.

Incluso en el cautiverio, profetas como Ezequiel y Daniel intercedieron por la restauración de Judá. Aunque Dios usó profetas para predicar el arrepentimiento para el avivamiento en Israel, los avivamientos duraron poco porque el pueblo volvió a su maldad después de disfrutar de la libertad, y el intercesor murió. Además, la sangre animal no podía lograr la salvación del hombre, ni cambiar el ser interior pecador.

Más tarde, Dios se manifestó en la carne como Jesús y se ofreció por el hombre en la cruz. Ungió a Jesús y le dio poder con el Espíritu Santo para Su ministerio terrenal (Lucas 4:18). Jesús intercedió por los demás durante su ministerio en la Tierra. Sanó a los enfermos, liberó a los cautivos y libró a algunos de los demonios. Cumplió Su mandato final cuando intercedió y pagó el precio final por los pecados del hombre con Su sangre.

Jesús se convirtió en el **intercesor definitivo** porque liberó a la humanidad de la esclavitud del pecado y reconcilió al hombre con Dios. Esto no podía lograrlo la sangre de los animales (Romanos 3:25). El sacrificio de Jesús en la cruz anuló la necesidad de sacrificios de animales y ofrendas quemadas. Así, la presencia de Dios se hizo accesible a todos los que creen en Su Hijo, Jesucristo. Jesús oró de acuerdo con la voluntad de Su Padre sin comprometer la verdad e intercedió por todos los hombres, incluidos aquellos que lo odiaban y perseguían.

Así, Dios le dio un nombre sobre todo nombre por su obediencia. Jesús está ahora sentado a la diestra de Dios, intercediendo por la humanidad (Filipenses 2:6-11). Hizo sacerdotes a todos los creyentes en Él para proclamar Su mensaje e interceder por los demás, a diferencia de los pocos ungidos que podían orar a Dios por Israel en el Antiguo Testamento (1 Pedro 2:4-10). Jesús es el único camino al Padre, por lo que oramos a Dios a través de Él (Juan 14:6). Sus Apóstoles intercedían en nombre de Jesús mientras predicaban el Evangelio. Mostraron compasión y nunca exigieron recompensas a la gente por las oraciones de intercesión. Dios también proveyó todas sus necesidades como recompensa a la fidelidad a Su Palabra en la viña.

Dios dota a cada creyente con el Espíritu Santo como nuestro ayudador, consolador, consejero, abogado e intercesor a través de Jesús. También dotó a los creyentes con dones del Espíritu Santo. Estos incluyen palabras de sabiduría, sanidad, milagros, fe y el discernimiento de espíritus para beneficio de todos. Él convence a nuestros corazones pecadores, nos lleva al arrepentimiento y nos concede la justicia, lo que resulta en una relación personal con Dios a través de Jesucristo. Una vez salvados después del arrepentimiento, Jesús vive en nuestros corazones como sello de nuestra herencia eterna. También, El Espíritu Santo enseña la Palabra y nos ayuda a orar de acuerdo con la voluntad de Dios. Él nos ayuda a producir los frutos de amor, fe, paz, gozo, compasión, paciencia y obediencia.

Este libro pretende llamar su atención sobre la relevancia de las oraciones de intercesión por la misericordia y la restauración de Dios. Contrasta cómo el sacrificio animal estacional del Antiguo Testamento para la intercesión era una sombra de la intercesión definitiva que Jesús hizo por la humanidad en la cruz con su preciosa sangre de una vez por todas.

Los lectores también aprenderán que Dios ha consagrado a todos los creyentes en Cristo como intercesores, y no sólo a unos pocos elegidos como en el Antiguo Testamento, para estar de pie en la brecha de Su misericordia para aquellos que incluso merecen Su ira y Su juicio.

Este libro le ayudará a entender cómo mantener una relación estrecha con Dios y exhibir rasgos piadosos como la santidad, la obediencia amorosa a Su palabra y la devoción completa a la intercesión eficaz. El Dios Santo tiene protocolos y normas para Sus vasos elegidos, ya que nadie puede acercarse a Él con impureza. Jesús, el último intercesor, satisfizo todas las condiciones para ser el Sumo Sacerdote perfecto. Obedeció todas las leyes de Dios y tuvo comunión diaria con Él. Por lo tanto, Dios honró todas sus oraciones.

También aprenderá el modelo de Jesús para una oración eficaz, que incluye adoración, perdón, arrepentimiento, ayuno y perseverancia antes de presentar nuestras peticiones y súplicas, y cómo Su modelo difiere significativamente del Antiguo Testamento.

Jesús nos advierte que no contaminemos nuestro cuerpo, que es templo del Espíritu Santo, con maldades como adulterios, fornicaciones, asesinatos, robos, avaricia, maldad, engaño, lascivia, blasfemia, orgullo y necedad. Dificultan nuestra comunión y no tienen cabida a los ojos de Dios. Por lo tanto, este libro comparte cómo los intercesores pueden evitar y superar tales obstáculos para una intercesión eficaz.

La Biblia muestra claramente cómo Jesús dirigió el avivamiento definitivo de la humanidad cuando pagó por nuestros pecados y reconcilió nuestros corazones con Dios. Su objetivo era perfeccionarnos como Él mismo y encomendó a los creyentes que continuaran el ministerio de intercesión para salvar a las almas perdidas. Este libro enseña que el avivamiento es iniciativa y predisposición sólo de Dios y que cualquier intento sin Jesús fracasará. Así, la intercesión trae el avivamiento y restaura la santidad, la justicia, la alegría, la reconciliación y una vida victoriosa en la tierra para honrar a Dios.

Ahora que ya ha echado un vistazo al libro, continúe en el primer capítulo para aprender sobre las oraciones de intercesión, que Dios inició para la restauración del hombre. Mientras lees este libro, te animo a abrazar el ministerio de intercesión que nuestro Señor Jesucristo nos ha dado. Dios realmente te bendecirá cuando te pongas en la brecha por los demás.

1

Oración de intercesión

Dios inició la intercesión para la restauración de la humanidad, ya que nuestros pecados conducen a la miseria y al deterioro de la relación Dios-hombre. *Una oración de intercesión o intercesión es una súplica de la misericordia de Dios en favor de otros para su restauración en medio de la separación y la miseria.* Implica aferrarse a las promesas de Dios en la oración hasta ver el cambio deseado.

Dios sabía de antemano de la rebelión de Adán y Eva en el Jardín del Edén, por lo que preordenó a Jesús para que se pusiera en la brecha por la humanidad antes de la Creación. Antes del ministerio terrenal de Jesús, Dios consagró a profetas y sacerdotes piadosos con el privilegio de acceder a Su presencia para ofrecer sacrificios de animales para la expiación del pecado y orar por Su pueblo. Muchos sacerdotes fueron fieles, otros desobedecen vieron las leyes de Dios y se volvieron ineficaces.

> *"Por lo cual puede también salvar perpetuamente a los que por él se acercan a Dios, viviendo siempre para **interceder por ellos**."* — **Hebreos 7:25**

A la hora señalada, Jesús ofreció su sangre sin pecado para expiar nuestros pecados. Suplicó la misericordia de Dios para nosotros y nos reconcilió con Dios mediante Su muerte en la cruz. Los cristianos, ahora sacerdotes reales, tienen acceso directo a Dios para servir y ofrecer sacrificios espirituales. Jesús también ha dado a los creyentes el ministerio de la reconciliación y la intercesión para la gloria de Dios.

¿Por qué Dios inició la intercesión?

Dios es santo y odia el pecado. Él estableció leyes para la humanidad de acuerdo con Su justicia y justificó la obediencia a Él. Cuando nuestros corazones se endurecen en el pecado y se alejan de Dios, esto conduce al castigo y a la separación de Él. Como Padre misericordioso, Él instituyó la intercesión para nuestra restauración cuando nos alejamos de Su presencia y sufrimos las consecuencias de nuestros pecados. Así que Dios pretende que la intercesión:

- Redime al hombre de la rebelión y la destrucción;
- Libera a los que justamente merecen el juicio de Dios;
- Ofrecer la gracia de Dios necesaria para el arrepentimiento y la restauración;
- Libera a los cautivos y a los oprimidos;
- Allanar el camino para la redención del hombre a través de Jesús;
- Beneficia tanto al intercesor como al necesitado.

Dios creó a Adán y Eva a su imagen y semejanza. Los colocó en el exuberante e idílico Jardín del Edén y estableció un pacto con ellos para que fructificaran, se multiplicaran y obedecieran Sus sagrados mandamientos

(Génesis 1:26). Les dio el dominio y los estableció como gobernantes sobre las criaturas de la tierra y les prohibió comer del árbol del conocimiento del bien y del mal en medio del hermoso jardín.

> *"Y mandó Jehová Dios al hombre, diciendo: De todo árbol del huerto podrás comer: Pero del árbol de la ciencia del bien y del mal no comerás; porque el día que de él comieres, ciertamente morirás."* — **Génesis 2:16-17**

La pareja tenía comunión diaria con Dios. Pero Satanás, a través de una serpiente, sedujo a Eva para que se revelara contra las leyes de Dios. Aunque Dios bendijo a la pareja, ella escuchó el engaño y dudó de la bondad de Dios. Creyó las mentiras de Satanás, comió del fruto del árbol de la ciencia del bien y del mal, le dio un poco a Adán y rompió el pacto.

Dios creó a Adán y Eva sin corrupción, pero debido a la codicia, cayeron en la tentación y pecaron contra Dios, trayendo la muerte a sus almas, a la humanidad y al mundo. Así, perdieron la inocencia, la pureza, el compañerismo y la autoridad. Dios los expulsó del jardín, y sus descendientes y la humanidad heredaron su corrupción del pecado. Desde entonces, el mal ha esclavizado a la humanidad. El pecado nos separa de Dios y nos ciega de nuestras bendiciones (Isaías 59:1-16). A medida que aumentaba la población humana, también lo hacían la maldad y la perversidad, pero Dios buscó hombres fieles que le adoraran (Génesis 1-7).

Por lo tanto, Dios escogió y ordenó **sacerdotes y profetas** para que estuvieran en la brecha *y* presentaran súplicas al Señor por Su pueblo. Identificó y estableció **pactos con personas piadosas**, como Enoc. Sin embargo, cuando los hombres prosperaron, el ciclo de desobediencia continuó. Dios vio cuán inmensa era la maldad del hombre en la tierra y cómo cada plan ideado por su mente no era siempre más que maldad. Se arrepintió de haberlos creado.

Sin embargo, Dios eligió a **Noé,** que era intachable y un hombre justo. Noé halló gracia y caminó con Dios. Le pidió a Noé que construyera un arca en la que cupieran su mujer, sus tres hijos y sus mujeres, y parejas de todos los animales. Después, Dios aniquiló a todos menos a Noé y su familia con un diluvio y estableció un pacto con él. Después de Noé, la desobediencia del hombre continuó. Algunos incluso intentaron construir una torre llamada Babel para alcanzar el cielo. Dios vio su arrogancia y les cambió la lengua y los dispersó.

Posteriormente, Dios hizo un pacto con **Abraham** y sus descendientes, que se convirtieron en la nación de Israel. Dios prometió bendecir a la humanidad a través de un descendiente de Abraham. Jesús cumplió esta promesa cuando murió y expió nuestros pecados y nos reconcilió con Dios.

Ejemplos de oraciones de intercesión en el Antiguo Testamento

Dios ungió a **profetas** y **sacerdotes** para que intercedieran por su pueblo en el Antiguo Testamento. Estos fieles se ponían en la brecha para que Dios concediera misericordias a otros basándose en la guía divina. Normalmente ofrecían sacrificios de animales y ofrendas en sus intercesiones. Por ejemplo:

Oración de Abraham por Sodoma y Gomorra

La intercesión de Abraham por las ciudades de Sodoma y Gomorra fue la primera oración de intercesión registrada en la Biblia. Dios reveló a Abraham sus planes de destruir las viles ciudades por su rebelión cuando brindó hospitalidad a tres forasteros que viajaban, el Señor y dos ángeles en forma humana que lo escoltaban.

> *"²³Y acercándose Abraham, dijo: ¿Destruirás también al justo con el impío? ²⁴Por ventura hay cincuenta justos dentro de la ciudad: ¿también tú destruirás y no perdonarás el lugar por los cincuenta justos que hay en ella? ²⁵Lejos está de ti hacer así, matar al justo con el impío; y que el justo sea como el impío, eso está lejos de ti: ¿No hará justicia el Juez de toda la tierra? ²⁶Y dijo Jehová: Si hallare en Sodoma cincuenta justos dentro de la ciudad, perdonaré a todo el lugar por amor de ellos. ²⁷Y Abraham respondió y dijo: He aquí ahora, he tomado para hablar a Jehová, que no soy sino polvo y ceniza: ²⁸Quizá falten cinco de los cincuenta justos: ¿destruirás tú toda la ciudad por falta de cinco? Y él respondió: Si hallo allí cuarenta y cinco, no la destruiré. ²⁹Volvió a hablarle, y dijo: Quizá se hallen allí cuarenta. Y él dijo: No lo haré por cuarenta."* — **Génesis 18:23-29**

La compasión de Abraham por las ciudades de Sodoma y Gomorra revela que se preocupaba por los justos y los desobedientes. Quería que Dios perdonara a los justos que vivían en Sodoma (Amós 3:7-8).

"30 Y él le dijo: Oh, no se enoje el Señor, y hablaré Por ventura se hallarán allí treinta. Y él dijo: No lo haré si hallo allí treinta. 31 Y él dijo: He aquí ahora, me he encargado de hablar al Señor: Por ventura se hallarán allí veinte. Y él dijo: No la destruiré por causa de veinte. 32 Y él dijo: No se enoje Jehová, y hablaré aún, pero esta vez: Por ventura se hallarán allí diez. Y él dijo. No la destruiré por amor de diez." — **Génesis 18:31-32**

La iniquidad de las ciudades fatigó a Lot y a su familia, pero Dios se ofreció a salvarlos de su inminente ira. Consideró la persistencia de Abraham en buscar misericordia para salvar a los justos de la inminente calamidad sobre las ciudades. Abraham reconoció respetuosamente la grandeza y misericordia de Dios en su comunión de pacto con Él. Le pidió humildemente que no destruyera Sodoma si encontraba diez justos en la ciudad.

Dios juzga con justicia según nuestras obras, pero su misericordia libra a los desvalidos. Perdonó a Lot y a sus dos hijas y envió dos ángeles a la ciudad, que la destruyeron cuando no pudieron encontrar a las diez personas requeridas. La destrucción de las ciudades nos recuerda el coste de la rebelión contra Dios. El pecado tiene consecuencias, aunque Dios es amoroso y misericordioso. Las ciudades se entregaron a la inmoralidad sexual y a las perversiones. Dios se complace en nuestro audaz pero humilde deseo de interceder por los demás. Por eso, no tenemos que rechazar las oportunidades, sino interceder por los demás con humildad.

Intercesión de Abraham por Abimelec

Abraham viajó entre Cades y Shur y se quedó en Gerar. Tomó una terrible decisión al presentar a su esposa, Sara, como su hermana para evitar los ataques de los hombres de Gerar. Cuando el rey de Gerar, Abimelec, se enteró, llevó a Sara al palacio y planeó quedársela como esposa. Sin embargo, Dios advirtió a Abimelec de que había tomado en sueños a la mujer de un profeta. Abimelec pidió clemencia porque la había tomado inocentemente, y Dios le impidió tocar a Sara.

> *"⁷Ahora, pues, restituye al hombre su mujer; porque él es profeta, y rogará por ti, y vivirás; y si no la restituyes, sabe que ciertamente morirás tú y todos los tuyos."* — ***Génesis 20:7***

> *"¹⁷Entonces Abraham oró a Dios; y Dios sanó a Abimelec, a su mujer y a sus siervas, y tuvieron hijos."* — ***Génesis 20:17***

Dios le pidió a Abraham que orara por Abimelec y su familia cuando le devolvió a Sara. Entonces, Abraham oró, y Dios sanó al rey Abimelec, a su esposa y a todas las siervas, reabriendo el vientre de todas en la casa de Abimelec, y dieron a luz (Génesis 20:1-18). Por lo tanto, debemos permitir que Dios gobierne nuestros corazones para evitar el pecado mientras vivimos para Él y oramos por aquellos que nos desprecian y codician nuestras bendiciones. Dios nos ha advertido que no busquemos venganza ni guardemos rencor a nadie, sino que amemos a nuestro prójimo como a nosotros mismos, porque Él es el Señor. Las Escrituras también dicen Si tu enemigo tiene hambre, dale de comer pan, y si tiene sed, dale de beber agua, porque amontonarás carbones encendidos sobre su cabeza.

Intercesión de Job por sus amigos

Job era un hombre rico que vivía en Uz. Era intachable y recto ante Dios. La Biblia dice que Job solía rezar por sus hijos después de las fiestas que celebraban en sus casas. En estas fiestas ofrecía holocaustos para expiar las faltas cometidas por sus hijos.

Dios alabó la rectitud de Job, pero Satanás refutó, diciendo que Job temía a Dios sólo porque Él lo había bendecido con riquezas y protección. Satanás mencionó además que Job maldeciría a Dios si le quitaba estas bendiciones. Así, Dios permitió que Satanás atormentara a Job, y éste perdió todo lo que tenía, incluidos sus hijos. Pero Job siguió bendiciendo a Dios a pesar de sus pérdidas. Derrotado, Satanás pidió permiso a Dios para poner llagas en Job. Sin embargo, a pesar de su sufrimiento, Job nunca dudó de la fidelidad de Dios, ni siquiera cuando su esposa le dijo que debía maldecir a Dios y morir.

Elifaz, Bildad y Zofar, los tres amigos de Job fueron a visitarlo, lamentándose en silencio durante siete días. Después, discutieron con Job sobre la causa de su situación. Cuando Job insistió en su inocencia, le acusaron falsamente de sufrir las consecuencias de sus pecados. Como resultado, Job se amargó y pidió a Dios que le mostrara sus pecados si le había ofendido.

Después, Dios intervino y cuestionó a Job por su actitud farisaica. Job contempló la magnificencia de Dios y se dio cuenta de su indignidad. La revelación del Señor destrozó la justicia propia de Job. Comprendió que su conocimiento de Dios era imperfecto y sesgado. Dios lo humilló y Job se arrepintió.

"He oído hablar de ti con el oído, pero ahora mi ojo te ve. Por eso me abomino de mí mismo, y me arrepiento en polvo y ceniza." — **Job 42:5-6**

Más tarde, Job oró por sus amigos como el Señor le dijo, porque el Señor se negó a aceptar sus oraciones. Como hizo Job, debemos **interceder por nuestros amigos**, aunque nos calumnien. Mientras sufría, Job oró por sus amigos, y ellos recibieron bendiciones que ninguno de ellos merecía.

El Señor puede transformar el corazón de quienes nos han ofendido si los perdonamos y oramos por ellos. La opresión y la desilusión de Job terminaron después de que el Señor aceptara su intercesión. Dios restauró a Job no por su justicia, sino por la misericordia del Señor.

"8Por tanto, tomad ahora siete novillos y siete carneros, e id a mi siervo Job, y ofreced holocausto por vosotros; y mi siervo Job orará por vosotros; a él aceptaré, no sea que os trate según vuestra insensatez, en que no habéis hablado de mí lo recto, como mi siervo Job.9Fueron, pues, Elifaz temanita, Bildad suhita y Zofar naamatita, e hicieron como JEHOVÁ les mandó; también aceptó Jehová a Job.10Y volvió Jehová la cautividad de Job, cuando oró por sus amigos; también dio JEHOVÁ a Job el doble de lo que tenía antes." — **Job 42:8-10**

Dios restauró graciosamente las bendiciones de Job después de que éste intercediera por sus amigos. Dios duplicó la fortuna de Job. Por lo tanto, es necesario orar por los amigos o enemigos, incluso en tiempos de desafíos, y Dios nos liberará de lo que nos mantiene en la esclavitud.

Moisés intercede por Israel

Dios eligió a **Moisés como líder, profeta e intercesor** para llevar a Israel del cautiverio en Egipto a Canaán. Moisés fue el portavoz de Dios para Israel durante el éxodo. A menudo les suplicaba que se convirtieran de sus muchos pecados para detener la ira de Dios. Intercedió por la misericordia de Dios hacia Israel recordándole sus promesas a Abraham, Isaac y Jacob. Así, sus numerosas intercesiones cambiaron para bien la trayectoria de Israel. También recibió órdenes divinas sobre los deberes sacerdotales y construyó y amuebló el tabernáculo, un lugar temporal para el culto. La gloria de Dios llenó el lugar Santísimo del santuario durante el paso por el desierto hacia la Tierra Prometida.

Tras abandonar Egipto, los israelitas acamparon en el monte Sinaí. Allí, Moisés realizó una notable intercesión en el monte Sinaí cuando Israel olvidó la bondad del Señor y se entregó a la idolatría. Este terrible pecado puso a toda la nación en circunstancias desastrosas, pues Dios quería destruirla. Pero Moisés intervino y suplicó Su misericordia.

Moisés había subido a la montaña del Señor y había pasado 40 días y 40 noches recibiendo de Dios las tablas de los Diez Mandamientos. Angustiados por la tardanza de Moisés en regresar al campamento, los israelitas obligaron a Aarón, hermano de Moisés, a fabricar un becerro de oro. Adoraron la imagen fundida ya que desconocían el destino de su líder y lo declararon su dios, que los liberó de Egipto, y un ayudante para entrar en la Tierra Prometida. La adoración de ídolos era una abominación imperdonable, pues el pueblo consideraba al becerro como su dios, en contra de su promesa de servir sólo a Dios (Éxodo 17). Así pues, Dios hizo partícipe a Moisés de la conducta idólatra de Israel al pie de la montaña durante el encuentro. También compartió Su intención y Su juicio de exterminarlos. Cuando Moisés descendió de la montaña y vio sus

malas acciones, hizo añicos las tablas de la ley al ver la infidelidad del pueblo. Después de eso, Moisés hizo que los israelitas bebieran el moho del ídolo molido mezclado con agua. Por último, mató a 3.000 idólatras con la ayuda de la devota tribu de Leví. Después, Moisés permaneció en la brecha y suplicó a Dios con desgarradoras súplicas.

> *"¹¹Y Moisés rogó a Jehová su Dios, y dijo: Jehová, ¿por qué se ha encendido tu ira contra tu pueblo, sacado de la tierra de Egipto con gran poder y con mano poderosa? ¹² ¿Por qué han de hablar los egipcios y decir: ¿Por maldad los sacó, para matarlos en los montes y consumirlos de sobre la faz de la tierra? Vuélvete de tu ardiente ira y arrepiéntete de este mal contra tu pueblo. ¹³Acuérdate de Abraham, de Isaac y de Israel, tus siervos, a quienes tú mismo perdonaste, y les dijiste: Multiplicaré vuestra descendencia como las estrellas del cielo, y toda esta tierra de que he hablado la daré a vuestra descendencia, y la heredarán para siempre. ¹⁴Y el Señor se arrepintió del mal que pensaba hacer."* — ***Éxodo 32:11-14***

La íntima comunión de Moisés con Dios le convirtió en un intercesor eficaz. Su amor por su pueblo, su humildad y su reverencia al Señor eran evidentes, al igual que su abnegación y devoción al Señor. La voluntad de Moisés de sacrificarse e interceder por el Israel rebelde e idólatra debe inspirarnos para **orar por las almas desobedientes.**

Su oración apelaba a la misericordia de Dios, basada en las promesas que hizo a Abraham, Isaac y Jacob. Al intervenir, Dios libró a la nación de la destrucción. Moisés también mostró un liderazgo de servicio. Debemos interceder por las personas con la palabra de Dios, aun cuando sean indignas.

Oración por Miriam

Miriam era hija de Amram y Jocabed. Era la hermana mayor de Moisés. Cuando Jocabed, su madre, puso al bebé Moisés en una cesta en el Nilo para escapar de la muerte del rey de Egipto, cuidó de su hermano desde lejos. La hija del faraón encontró al bebé flotando en el río y lo adoptó. Miriam llevó a la princesa hasta Jocabed, que se ofreció como niñera.

Miriam desempeñó un papel esencial en la historia de Israel y de Moisés. Dirigió una danza de celebración después de que los israelitas salieran de Egipto y cruzaran el Mar Rojo. Todas las mujeres siguieron a Miriam, la profetisa, mientras tocaba el timbal y bailaba después de que los egipcios se ahogaran en el Mar Rojo durante el éxodo de Egipto a la Tierra Prometida.

Sin embargo, durante la travesía por el desierto, Mariam y Aarón cuestionaron a Moisés por casarse con una etíope. También disgustó a Dios al cuestionar el liderazgo de Moisés sobre Israel. Dios llamó a Moisés, Aarón y Miriam para que se reunieran con Él en la Tienda de Reunión en una columna de nubes. Dios reprendió a Aarón y a Miriam por hablar en contra de su fiel siervo, Moisés (Números 12:7-8). Aarón y Miriam se dieron cuenta inmediatamente de sus pecados cuando Dios hirió a Miriam con la lepra.

Moisés nunca buscó venganza por sus calumnias. En cambio, se preocupó por sus hermanos e intercedió por ellos. Por eso, Dios respondió a la súplica de Moisés y curó a Miriam al cabo de siete días. Dios odia el desorden. Por eso nos ordena someternos a la autoridad.

Debemos apoyar a nuestros líderes en la consecución de los objetivos compartidos. Los líderes también deben ser rápidos para perdonar y rezar por quienes dirigen.

Oración de Moisés por Israel en Refidim

Después de que los israelitas salieron de Egipto, los amalecitas fueron el primer grupo que desafió y luchó con Israel. Cuando Israel acampó en Refidim, los amalecitas atacaron a Israel por la espalda y se llevaron a ancianos y niños de la multitud durante su viaje. Los amalecitas, descendientes de Esaú, eran una antigua tribu nómada descrita como enemiga de Israel.

Entonces Moisés ordenó a Josué que seleccionara hombres para combatir a los amalecitas. En la batalla, Moisés, Aarón y Hur subieron a la cima de la colina. Israel ganó cuando Moisés levantó la mano, pero Amalec prevaleció cuando la bajó. Las manos de Moisés se volvieron pesadas, así que se sentó en una piedra mientras Aarón y Hur sostenían sus manos hasta que se puso el sol. De este modo, Josué derrotó a Amalec con la espada (Éxodo 17). Más tarde, Dios dijo a Moisés que documentara el acontecimiento como un memorial para que los israelitas no lo olvidaran. Prometió a Amalec la destrucción a causa de su maldad.

"Así que Josué luchó contra los amalecitas como Moisés había ordenado, y Moisés, Aarón y Hur subieron a la cima de la colina. Mientras Moisés tenía las manos en alto, los israelitas ganaban, pero cuando las bajaba, los amalecitas ganaban. Cuando las manos de Moisés se cansaron, cogieron una piedra, la pusieron debajo de él y se sentó sobre ella. Aarón y Hur le sostuvieron las manos -una a un lado y otra al otro-, de modo que sus manos permanecieron firmes hasta la puesta del sol." — **Éxo. 17:11, 12**

Después, Moisés construyó un altar en Refidim y lo llamó Jehová Nissi. Dios enseñó a Israel que sólo Él da protección y victoria. Sólo podemos elevarnos por encima de nuestros enemigos y situaciones cuando dependemos de Dios.

Moisés reza por el Faraón

Israel, que había permanecido en Egipto durante cuatro generaciones, aumentó en población y riqueza y se convirtió en una amenaza para el anfitrión. Temiendo una revuelta, un envidioso rey egipcio los esclavizó constantemente. Dios envió a Moisés para liberar a su pueblo de la esclavitud.

"¹Entonces Yahveh dijo a Moisés: Ve a Faraón y dile: Esto es lo que dice Yahveh: Deja ir a mi pueblo para que me adore. ²Si te niegas a dejarlos ir, plagaré todo tu país de ranas. ³El Nilo se llenará de ranas. Subirán a tu palacio y a tu dormitorio y a tu lecho, a las casas de tus funcionarios y sobre tu pueblo, y a tus hornos y artesas. ⁴Las ranas subirán sobre ti, sobre tu pueblo y sobre todos tus funcionarios." — **Éxodo 6:1-4**

Sin embargo, el faraón no hizo caso de la intervención de Dios para que dejara marchar a su pueblo hasta que golpeó a Egipto con una serie de plagas. El faraón solicitó a Moisés.

> *"Entonces el faraón llamó a Moisés y a Aarón. Esta vez he pecado, les dijo. El Señor tiene razón, y yo y mi pueblo estamos equivocados. [28]Rezad al Señor, porque ya hemos tenido bastantes truenos y granizo. Os dejaré marchar; no tenéis que quedaros más tiempo." — Éxodo 12:27-28*

Moisés intervino extendiendo sus manos hacia el SEÑOR; los truenos y el granizo cesaron, y la lluvia ya no cayó sobre la tierra. Además, cesaron las ranas, la lluvia, el granizo, los truenos, las langostas y las tinieblas.

Intercesión en el desierto de Parán

Moisés envió espías de cada tribu de Israel para evaluar la tierra de Canaán. Dos de los doce espías regresaron con un informe excelente. Sin embargo, el resto desanimó al pueblo con sus malos relatos. Advirtieron que Israel no podría tomar la tierra porque sus habitantes eran gigantes que vivían en ciudades fortificadas. Los israelitas alzaron la voz y lloraron amargamente en las tiendas cuando escucharon el informe negativo de los diez espías.

Así que, furiosos y confusos, pensaron que morir en Egipto era mejor que perecer en el desierto a manos de los habitantes de Canaán. Al oír la queja de los israelitas sobre su deseo de volver a Egipto, Moisés y Aarón cayeron de rodillas apesadumbrados ante toda la congregación de los israelitas. Se lamentaron por la falta de fe de Israel en que Dios lucharía y los libraría de sus enemigos y les daría la tierra prometida.

> *"Y el Señor dijo a Moisés: ¿Hasta cuándo me despreciará este pueblo? ¿Hasta cuándo se negarán a creer en mí, a pesar de todas las señales que he hecho entre ellos? Los heriré de peste y los desheredaré, y haré de ti una nación más grande y poderosa que ellos."* — **Números 14:11-12**

Sin embargo, a causa de la rebelión de Israel en Cades-barnea, Dios quiso azotarlos con la peste, desheredarlos y convertir a Moisés en una nación más importante y poderosa que Israel (Números 14:2). Dios le dijo a Moisés: "Ahora déjame en paz para que arda mi ira contra ellos y los consuma, y de ti haré una gran nación" (Éxodo 32:10). Moisés no se divirtió, sino que intercedió por el pueblo.

Pidió perdón al Señor por su actitud rebelde. Le dijo a Dios que los egipcios le dirían al pueblo de Canaán que Dios había sacado a Israel de Egipto con gran poder, pero que no podía llevar al pueblo a Canaán, así que los mató en el desierto. Moisés no dijo que el castigo de Israel fuera injusto. Dios no desheredó al pueblo en respuesta a la oración de Moisés, pero la generación de los que se rebelaron contra Dios, excepto Josué y Caleb, no entró en la Tierra Prometida.

> *"[17]Y ahora, te ruego, sea grande el poder de mi señor, conforme a lo que has dicho, diciendo: El SEÑOR es paciente y de gran misericordia, perdona la iniquidad y la rebelión, y de ningún modo absuelve al culpable, visitando la iniquidad de los padres sobre los*

hijos hasta la tercera y cuarta generación. ¹⁹Perdona, te ruego, la iniquidad de este pueblo según la grandeza de tu misericordia, y como has perdonado a este pueblo, desde Egipto hasta ahora. ²⁰Y el SEÑOR dijo: He perdonado según tu palabra:" — **Número 14:17-20**

Además, la oración de Moisés en favor del rebelde Israel muestra el poder de la oración y cómo la intercesión puede dar la vuelta a situaciones terribles.

Podemos obtener la gracia y la misericordia de Dios cuando oramos. Dios quiere que nadie perezca a causa del pecado, por eso ordena intercesores que intercedan.

Rebelión contra Moisés e intercesión

Coré, Datán y Abiram, junto con 250 conspiradores, se rebelaron contra el liderazgo y el sacerdocio de Moisés y Aarón. Dios los castigó a ellos y a sus familias. Como resultado, el pueblo de Israel se unió en contra de Moisés y Aarón y los culparon por la muerte de Coré y sus secuaces. Dios los castigó con una plaga, pero Moisés y Aarón intercedieron y la plaga cesó.

Además de los que murieron en el asunto de Coré, 14.700 murieron en la plaga. El miedo y la envidia provocaron una rebelión contra Moisés, pero él intercedió fervientemente según las promesas y la gloria de Dios. Cuando la plaga comenzó entre el pueblo, Aarón ofreció incienso y expió por ellos. Al interponerse entre los vivos y los muertos, la plaga se detuvo.

Además, Israel refunfuñó contra Dios y Moisés porque no tenían agua. Dijeron que Moisés deseaba que hubieran muerto cuando sus hermanos cayeron muertos ante el Señor. Querían saber por qué Moisés los había traído de Egipto al desierto. Debido a sus quejas e incredulidad, Dios envió serpientes venenosas entre el pueblo, y muchos de los israelitas murieron. Los israelitas se acercaron a Moisés y le dijeron: "Sabemos que pecamos cuando hablamos contra el Señor y contra ti. Rogad al Señor. Pídele que quite estas serpientes". Entonces, Moisés oró por ellos. Aarón y Moisés se postraron a la entrada de la tienda, y Dios se les apareció. Él también oró, y la plaga de las serpientes ardientes cesó.

Más tarde, Dios estableció un pacto con los israelitas y les dio leyes que debían obedecer para obtener bendiciones en la Tierra Prometida. Las circunstancias difíciles no deben ofendernos para refunfuñar o cuestionar el carácter de Dios, sino para confiar en Él para la victoria.

Sacerdocio e intercesión en Israel

El sacerdocio y las funciones de intercesión comenzaron oficialmente después de que Dios liberara a Israel de la esclavitud en Egipto. Necesitaban un mediador que expiara sus pecados. Dios eligió y consagró a Aarón y a sus descendientes de la tribu de Leví como sacerdotes para interceder por Israel.

> *"⁶Y vosotros me seréis un reino de sacerdotes y una nación santa. Estas son las palabras que has de decir a los israelitas."* — ***Éxodo 19:6***

Aarón era el ayudante de Moisés. Dios también eligió a los levitas para servir en el Templo porque declararon su lealtad a Él después de que Moisés regresar+a del Monte Sinaí y viera las abominaciones de Israel. Moisés ofreció a los israelitas la oportunidad de tomar partido y servir al Señor. Los levitas se pusieron del lado de Moisés y del Señor. Además, fueron la única tribu importante que defendió la causa de Dios después del incidente del ídolo del becerro de oro. Así, Aarón se convirtió en el primer Sumo Sacerdote y el antepasado de Israel.

> *"Y toma para ti a Aarón tu hermano, y a sus hijos con él, de entre los hijos de Israel, para que me sirva en el sacerdocio: Aarón, Nadab y Abiú, Eleazar e Itamar, hijos de Aarón."* — ***Éxodo 28:1***

Dios sólo permitía a los sacerdotes ministrar ante Él. También ordenó a los sacerdotes aprender y enseñar la ley y acercarse a Él con sus peticiones de oración por Israel. El sumo sacerdote expiaba anualmente los pecados del pueblo ante el propiciatorio con una aspersión de sangre animal. Más tarde, cuando los sacerdotes fallaron en este noble mandato, Dios honró a aquellos que obedecieron Sus leyes. Continuó usando sacerdotes fieles, pero eligió profetas y líderes piadosos para interceder por Israel.

Oración de Samuel por Israel

Dios eligió y consagró a **Samuel** como **profeta y juez** en Israel. Samuel nació de Elcana y Ana tras una promesa que su madre, estéril, hizo a Dios durante sus oraciones (1 Samuel 1). Después de nacer, sus padres lo consagraron como niño al Señor para redimir la promesa. Elí, el sumo sacerdote, lo crio. Dios favoreció al obediente Samuel, que sirvió como juez y profeta durante el reinado de Saúl. Elí tuvo problemas con sus dos hijos, Finees y Ofni, que codiciaban la mayor parte de la carne de los sacrificios y cometían adulterio con las mujeres que servían a la entrada del santuario.

La codicia y el adulterio desacreditaron el culto a Dios. Elí no hizo nada más allá de reprender verbalmente a sus hijos cuando Dios se lo advirtió a través de revelaciones, aparte de los costes de no arrepentirse respecto a sus hijos. Dios odia el pecado y juzga a los pecadores que no se arrepienten. Por eso castigó a Elí y a sus hijos. Más tarde, Dios ordenó a Samuel como profeta y juez de Israel tras la muerte de Elí.

Samuel puso a Dios en primer lugar en su vida. Sirvió obediente y fielmente a Dios y a Israel. Tenía un elevado nivel de integridad. Samuel llevó a Israel a arrepentirse de la idolatría, y el Señor Dios respondió a su clamor. Como profeta y gran hombre de oración, intercedió por Israel. Israel no fue fiel a Dios en un momento dado. Pero cuando se arrepintieron y dejaron de seguir a los ídolos, el Señor Dios respondió a su clamor.

> *"³Y habló Samuel a toda la casa de Israel, diciendo: Si os volvéis a JEHOVÁ DE todo vuestro corazón, quitad de en medio de vosotros los dioses ajenos y a Astarot, y preparad vuestro corazón a JEHOVÁ, y servidle sólo a él; y él os librará de mano de los filisteos." — 1 Samuel 7:3*

Samuel oró por Israel durante la guerra que derrotó a los filisteos. Ofreció holocaustos al Señor en nombre de los israelitas (1 Samuel 7:7-8). Gritó pidiéndole al Señor que librara a los israelitas. Dios respondió mientras Samuel le ofrecía el sacrificio. Cuando llegaron los guerreros filisteos, los israelitas no estaban preparados para la batalla; aquel día, el Señor golpeó a los filisteos con gran estruendo, desconcertándolos y derrotándolos.

"⁴Entonces los hijos de Israel desecharon a los baales y a Astarot, y sirvieron sólo al SEÑOR.⁵ Y Samuel dijo: Reunid a todo Israel en Mizpa, y yo rogaré por vosotros a JEHOVÁ. ⁶ Y se juntaron en Mizpa, y sacaron agua, y la derramaron delante de JEHOVÁ, y ayunaron aquel día, y dijeron allí: Contra JEHOVÁ hemos pecado. Y Samuel juzgó a los hijos de Israel en Mizpa." — **1 Samuel 7:4-6**

El ejército de Israel persiguió a los filisteos y los derrotó. Así terminó la dominación filistea sobre Israel y todas las ciudades capturadas fueron devueltas a Israel. Ninguna nación invadió Israel en todos los días de Samuel, porque Yahveh estaba con él. Los israelitas y los amorreos también tuvieron paz. Samuel se mantuvo en la brecha y ayudó al ejército de Israel a luchar contra los filisteos y otras naciones enemigas que intentaron invadir Israel.

Durante la sequía y el hambre, cuando el pueblo había desobedecido en Israel, Samuel oró, y Dios envió truenos y lluvia. Entonces todo el pueblo quedó admirado del Señor y de Samuel. Éste aconsejó a Israel que se arrepintiera de servir a ídolos inútiles y sirviera a Dios de todo corazón. Prometió interceder por Israel y enseñarle los caminos de Dios. También advirtió al pueblo que no persistiera en hacer el mal, para que tanto ellos como su rey perecieran.

Intercesión de David por Israel

David era un pastorcillo que se convirtió en el segundo rey del antiguo Israel tras la muerte del rey Saúl. Era intercesor y adorador de Dios. Una vez, el rey David hizo un censo, que era contrario a las palabras de Dios. Entonces, David le dijo al Señor: "He pecado gravemente contra ti". Le pidió a Dios que lo perdonara y le quitara su culpa. Dios dio a David la posibilidad de elegir entre tres castigos que se aplicarían contra él: tres años de hambre para su tierra, tres meses huyendo de sus enemigos mientras le perseguían, y una plaga que duraría tres días. David suplicó a Dios que lo dejara caer bajo sus manos. Sin embargo, Él envió una plaga a Israel esa misma mañana, que causó la muerte de 70.000 personas.

> *"²⁴No", respondió el rey, "insisto en pagar un precio, pues no ofreceré al SEÑOR mi Dios holocaustos que no me cuestan nada". Así que David compró la era y los bueyes por cincuenta siclos de plata. ²⁵Y allí construyó un altar al SEÑOR y ofreció holocaustos y ofrendas de paz. Entonces el SEÑOR respondió a las oraciones en favor de la tierra, y se detuvo la plaga que azotaba a Israel." — 2* **Samuel 24:24-25**

Ese mismo día, Dios ordenó a David que construyera un altar en la era que poseía Arauna el jebuseo. David fue entonces a ver a Arauna y le dijo que quería comprar su era para poder construir un altar para Dios y que la plaga terminara. Finalmente, Arauna se la ofreció a David gratuitamente, junto con algunos bueyes, pero David se negó. Por lo tanto, David pagó a Arauna con plata. El rey también construyó un altar para el Señor y sacrificó en él holocaustos y ofrendas de comunión. Como resultado, Dios respondió a su oración, y la plaga terminó (2 Samuel 24).

Intercesión de Salomón por Israel

Salomón fue el tercer y último monarca del Israel unido después de Saúl y David, su padre. Construyó el magnífico templo de Jerusalén e invitó a los dirigentes de Israel a su dedicación, cumpliendo así la promesa de Dios a David. Durante la dedicación, el ambiente se llenó de solemnidad y reverencia. Los sacerdotes llevaron el arca de la alianza al Santuario, en el Lugar Santísimo del templo. La sacaron de la tienda donde David la había colocado. El Arca contenía las Tablas de los Diez Mandamientos del Monte Sinaí. La gloria del Señor llenó el Lugar Santo tras el sacrificio de los animales y los cantos sacerdotales. Entonces Salomón bendijo a Israel, recordándoles que estaba cumpliendo la promesa de su padre David a Dios. Rezó para que se siguieran cumpliendo las promesas de Dios y pidió a Dios que mostrara misericordia con Israel cuando se descarriara. Suplicó por la victoria de Israel en la batalla.

> *"[44]Si tu pueblo saliere a la batalla contra su enemigo, adondequiera que lo envíes, y orare a JEHOVÁ hacia la ciudad que tú elegiste, y hacia la casa que yo edifiqué a tu nombre:[45] Entonces escucha en los cielos su oración y su súplica, y defiende su causa[46] Si pecan contra ti, (porque no hay hombre que no peque) y te enojas con - ellos, y los entregas al enemigo, para que los lleve cautivos a la tierra del enemigo, lejos o cerca;[47] Pero si se acuerdan de sí mismos en la tierra a la que fueron llevados cautivos, y se arrepienten, y te suplican en la tierra de los que los llevaron cautivos, diciendo: Hemos pecado, y hemos obrado perversamente, hemos cometido maldad." — 1 Reyes 8:44-47*

Salomón también pidió que el Señor perdonara y restaurara a Israel del cautiverio y el sufrimiento cuando se arrepintieran. Además, rogó que Dios escuchara las oraciones de los forasteros que venían de lejos a rezar hacia el Templo, para que todos conocieran el nombre de Dios.

> *"[41]Además, acerca de un extranjero, que no es de tu pueblo Israel, sino que viene de un país lejano por causa de tu nombre;[42] (Porque oirán de tu gran nombre, y de tu mano fuerte, y de tu brazo extendido;) cuando viniere y orare hacia esta casa:[43] Oye tú en los cielos, tu morada, y haz conforme a todo aquello por lo cual te invocare el extranjero: para que todos los pueblos de la tierra conozcan tu nombre, para que teman, como tu pueblo Israel; y para que sepan que esta casa, que yo he edificado, es llamada por tu nombre."* — *1 Reyes 8:41-43*

Cuando Salomón hubo terminado, el SEÑOR SE LE apareció por segunda vez, como se le había aparecido en Gabaón, y le dijo: "He escuchado la oración y la súplica que has hecho ante mí, he consagrado este templo, que tú has construido, poniendo allí mi Nombre para siempre. Mis ojos y mi corazón estarán siempre allí. En cuanto a ti, si caminas fielmente ante mí con integridad de corazón y rectitud, como hizo David, tu padre, y cumples todo lo que te mando y observas mis decretos y leyes, estableceré tu trono real sobre Israel para siempre, como prometí a David, tu padre, cuando le dije: 'Nunca dejarás de tener sucesor en el trono de Israel'". Advirtió contra la desobediencia (1 Re-9,2-9). Rezamos para que Yahveh, nuestro Dios, nos proteja y esté siempre con nosotros, como lo hizo con nuestros antepasados.

Que abra nuestros corazones a Él, para que caminemos en obediencia a Él y mantengamos sus decretos, reglas y mandatos.

Profeta Elías

Elías fue un profeta hebreo. Vivió en el reino septentrional de Israel durante el reinado de Ajab, que duró veintidós años. Ajab y su esposa Jezabel llevaron a Israel a adorar ídolos y asesinaron a los profetas de Dios. Sin embargo, Elías desafió al pueblo por la corrupción y la contaminación que suponía adorar a Baal, en contra de las leyes de Dios.

> *"[36]El profeta Elías se acercó y dijo: SEÑOR Dios de Abraham, de Isaac y de Israel, que se sepa hoy que tú eres Dios en Israel, y que yo soy tu siervo, y que he hecho todas estas cosas por tu palabra.[37] Escúchame, SEÑOR, escúchame, para que este pueblo sepa que tú eres el SEÑOR Dios, y que has hecho volver su corazón.[38] Entonces cayó el fuego del SEÑOR y consumió el holocausto, la leña, las piedras y el polvo, y lamió el agua que estaba en la zanja. [39] y viéndolo todo el pueblo, se postraron sobre sus rostros, y dijeron: El SEÑOR, él es el Dios; el SEÑOR, él es el Dios." — **1 Reyes 18:36-39**

Elías desafió a los profetas de Baal cuando pidió a Dios que se revelara al pueblo por medio del fuego. Los profetas de Baal oraron en vano, ya que Baal no podía consumir su sacrificio sin fuego. Pero Dios respondió a Elías por medio del fuego, y el pueblo se arrepintió y se volvió a Dios.

> *"Oh Señor, Dios de Abraham, de Isaac y de Israel, que se sepa hoy que tú eres Dios en Israel, y que yo soy tu siervo, y que he hecho*

*todas estas cosas por tu palabra. Respóndeme, Señor, respóndeme, para que este pueblo sepa que tú, Señor, eres Dios y que has hecho volver su corazón." — **1 Reyes 18:36-37**

La oración de Nehemías, identificarse con los pecados de su pueblo

Nehemías fue un líder judío que supervisó la restauración de los muros rotos de Jerusalén con la ayuda del rey babilonio Artajerjes, a quien servía. Cuando se enteró de los muros derruidos de Jerusalén, oró al Señor para que le diera la oportunidad de regresar y reconstruir los muros. Fue con un corazón de confesión y arrepentimiento ante Dios. Nehemías ayunó humildemente, oró y recordó a Dios su compromiso de obediencia desde los tiempos de Moisés. Confesó los pecados de corrupción de Israel y los suyos propios, así como sus fracasos contra Dios a la hora de cumplir las leyes dadas a Moisés. Además, Nehemías reconoció que su desobediencia los había llevado al exilio en Babilonia. Por lo tanto, pidió misericordia e instó a Dios a cumplir su promesa de restaurar al pueblo.

> *"⁵Y dijo: Te ruego, Yahveh Dios de los cielos, Dios grande y terrible, que guardas el pacto y la misericordia para con los que le aman y observan sus mandamientos: ⁶Esté ahora atento tu oído y abiertos tus ojos, para que oigas la oración de tu siervo, que hago ahora delante de ti, día y noche, por los hijos de Israel tus siervos, y confieso los pecados de los hijos de Israel que hemos cometido contra ti; tanto yo como la casa de mi padre hemos pecado." —* ***Nehemías 1:5, 6***

Dios favoreció a Nehemías ante el rey, quien le ayudó a regresar y reconstruir las murallas de Jerusalén. Más tarde, Nehemías negoció la paz entre Judá por los impuestos persas. Utilizó la oración, la alabanza, la persistencia y la fe en Dios para revivir a Judá y restaurar el plan de Dios.

Esdras intercede por Israel

Esdras era sacerdote, escriba y descendiente de Aarón. Por su celo por Dios y Su Ley, condujo a un grupo de judíos de regreso a Israel durante el reinado del rey Artajerjes sobre el Imperio persa. Cuando Esdras vio la reconstrucción del Templo y la unidad de las tribus, intercedió por Judá. También se puso públicamente en la brecha y leyó la palabra de Dios a Israel. Como resultado, se arrepintieron y adoraron a Dios trece años después de que Nehemías restaurara los muros destrozados. Después, pidieron misericordia a Dios, reconociendo sus pecados y comprometiéndose a servir a Dios de todo corazón.

> *"⁵Y en el sacrificio de la tarde, me levanté de mi pesadumbre; y rasgando mi vestido y mi manto, caí sobre mis rodillas, y extendí mis manos a Jehová mi Dios, ⁶y dije: Dios mío, me avergüenzo y me sonrojo de alzar mi rostro a ti, Dios mío; porque nuestras iniquidades se han multiplicado sobre nuestra cabeza, y nuestra transgresión ha crecido hasta los cielos. ⁷Desde los días de nuestros padres hemos estado en gran prevaricación hasta el día de hoy; y a causa de nuestras iniquidades nosotros, nuestros reyes y nuestros sacerdotes hemos sido entregados en manos de los reyes de las tierras, a la espada, al cautiverio, al despojo y a la confusión de rostro, como en el día de hoy."* — **Esdras 9:5-7**

A continuación, Esdras dirigió a su grupo para afirmar un acuerdo existente. Esto significaba poner fin a los matrimonios mixtos con no judíos, comerciar en sábado, observar el barbecho de la tierra y borrar las deudas en el séptimo año. Además, mantuvieron el Templo y sus servicios y dotaron al Templo de sacerdotes y levitas establecidos por sorteo. Además, cubrían las necesidades del Templo, como la leña y las primicias para los sacerdotes. Por último, redimían a los primogénitos y sacrificaban a los del ganado.

La intercesión de la reina Ester por los judíos

Ester era huérfana y fue adoptada por su tío Mardoqueo. Durante su exilio en Susa, Mardoqueo se convirtió en su mentor y confidente. Más tarde se convirtió en la bella esposa judía del rey Asuero de Persia. Mardoqueo frustró un complot de dos asistentes para asesinar al rey. Más tarde, el rey ascendió a Amán el aguajeo, su sirviente, a la posición más importante de la corte, y todos los funcionarios reales en la puerta del rey se arrodillaron y honraron a Amán, como el rey había ordenado. Pero Mardoqueo no quiso arrodillarse ni rendirle homenaje. Por lo tanto, Amán se sintió indignado con Mardoqueo por su falta de respeto. Buscó venganza por su humillación echando a suertes el día y la hora para matar a todos los judíos. Más tarde, Amán influyó en el rey para que ordenara la ejecución de los judíos en todas las provincias porque no obedecían las leyes del rey. Ante la destrucción en manos de Amán, Mardoqueo consultó a Ester. Ester se dio cuenta de que no estaba en su mano salvar a los judíos. Por lo tanto, reunió a los judíos y recurrió a oraciones y ayunos.

"Entonces respondió Ester, y dijo: Mi petición y mi ruego es Si he hallado gracia ante los ojos del rey, y si place al rey conceder mi petición y cumplir mi ruego, vengan el rey y Amán al banquete que yo los prepararé, y haré mañana como el rey ha dicho." - **Ester 5:8**

Tras el ayuno, Ester expuso ante el rey sus argumentos sobre el complot de la extinción de su pueblo. Enfurecido por el complot, el rey hizo empalar a Amán en el poste que había colocado para Mardoqueo. Así pues, Dios nos pone a interceder por Su gloria en situaciones difíciles. Además, si tú no actúas por el Señor, otro lo hará.

La oración de Daniel, identificarse con los pecados de Judá

Daniel era un príncipe de Judá. Era un hombre justo de la ascendencia de David en Israel. Fue uno de los nobles capturados y exiliados a Babilonia por el rey Nabucodonosor. Vivió una vida excepcionalmente larga y vio la caída de Asiria por los medos y los persas. Daniel intercedió para que el pueblo judío volviera a Dios. Mientras Daniel estaba en el cautiverio babilónico, leyó la profecía de Jeremías de que el exilio duraría 70 años. Así, puso su corazón hacia Dios con ayuno, cilicio y ceniza cuando se dio cuenta de que los 70 años casi habían terminado.

"[4]Oh Señor, Dios grande y temible, que guardas el pacto y la misericordia a los que le aman y a los que guardan sus mandamientos;[5]hemos pecado, y hemos cometido iniquidad, y hemos hecho impíamente, y nos hemos rebelado, apartándonos de tus preceptos y de tus juicios: [6]Ni hemos escuchado a tus siervos los profetas, que hablaron en tu nombre a nuestros reyes, a nuestros príncipes y a nuestros padres, y a todo el pueblo de la tierra. [7]A ti,

"SEÑOR, te pertenece la justicia, pero a nosotros la confusión de rostros, como en este día; a los hombres de Judá, a los habitantes de Jerusalén y a todo Israel, los que están cerca y los que están lejos, por todas las tierras adonde los has expulsado, a causa de su prevaricación con que se rebelaron contra ti." — **Daniel 9:4-7**

Daniel oró, recordando a Dios Su fidelidad. Reconoció que merecían Su castigo. Sin embargo, Daniel suplicó la misericordia de Dios para que devolviera a Israel a su patria. La premisa para todas las oraciones contestadas es Su nombre y Sus promesas (Daniel 9:17-19). Así pues, Dios respondió a Daniel y le dio más revelaciones sobre acontecimientos futuros.

La intercesión en el Nuevo Testamento

El Nuevo Testamento trajo un nuevo pacto entre Dios y la humanidad, sellado por la sangre de Jesús. A diferencia del Antiguo Testamento, donde los sacerdotes intercedían mediante sacrificios y ofrendas diarias y estacionales de animales, Jesús pagó por nuestros pecados con su sangre en la cruz de una vez por todas.

Esta intercesión última ha dado a cada cristiano acceso a la presencia de Dios porque Jesús nos ha reconciliado con Dios y nos ha hecho sacerdotes del Señor. Por lo tanto, Dios no exige sacrificios de animales para interceder; y no sólo unos pocos elegidos pueden interceder. Antes de Jesús, Dios envió a Juan el Bautista para preparar los corazones del pueblo para la nueva alianza.

El ministerio de Juan el Bautista

Juan fue un profeta judío. El padre, Zacarías, era un sacerdote que pertenecía a la división sacerdotal de Abías; en tiempos de Herodes, rey de Judea. La madre, Isabel, era también descendiente de Aarón. Era un mensajero y el precursor de Jesús, enviado para preparar el camino para la venida del Mesías prometido.

Isaías y Malaquías predijeron su nacimiento: "Enviaré delante de ti a mi mensajero, que preparará tu camino; una voz que clama en el desierto: "Preparad el camino al Señor, allanadle sendas" (Isaías 40:3).

Juan creció y se hizo fuerte de espíritu, y vivió y pasó mucho tiempo orando en el desierto hasta que apareció públicamente en Israel. Juan predicó la doctrina del arrepentimiento para la remisión de los pecados. También sumergía a la gente en el agua como símbolo de arrepentimiento. Al ver que mucha gente acudía a su bautismo, les amonestaba a dar frutos dignos de arrepentimiento.

> *"⁷Entonces dijo a la multitud que salía para ser bautizada por él: Generación de víboras, ¿quién os ha amonestado para que huyáis de la ira venidera? ⁸Haced, pues, frutos dignos de arrepentimiento, y no empecéis a decir dentro de vosotros mismos: Tenemos a Abraham por padre; porque os digo que Dios puede, de estas piedras, levantar hijos a Abraham. ⁹Y ahora también el hacha está puesta a la raíz de los árboles; por tanto, todo árbol que no da buen fruto es cortado y echado en el fuego." — **Lucas 3:7-9***

Diferentes grupos de personas, como recaudadores de impuestos, soldados y otros, preguntaban qué debían hacer:

> *"¹² Vinieron también publicanos para ser bautizados, y le dijeron: Maestro, ¿qué haremos?¹³Y él les dijo: No exijáis más de lo que os está señalado.¹⁴También los soldados le preguntaron, diciendo: ¿Y qué haremos? Y él les dijo: No hagáis violencia a nadie, ni acuséis a nadie falsamente; y contentaos con vuestro salario."* — **Lucas 3:11- 14**

El pueblo le veneraba como a un profeta. Llevó a Israel a arrepentirse de sus pecados y bautizó al Mesías.

La última intercesión

Cuando Jesucristo murió por nosotros, nos reconcilió con Dios (1 Pedro 3:19; Colosenses 1:20). Jesús es el **último intercesor** que vive para siempre como mediador, representando a la humanidad ante el trono de Dios. Él **tendió el puente** entre la humanidad y Dios a través de la redención mediante Sus sacrificios en la cruz. El sacrificio de sangre bajo la Ley no podía salvar al pueblo, pero la preciosa **sangre de Jesús nos salvó de nuestros pecados**. Jesús trajo la gracia y la verdad. Por ejemplo,

- Nos enseñó la verdadera naturaleza de Dios y cómo adorarle.
- Mostró misericordia a todos los que acudían a Él en busca de ayuda, incluida la mujer sorprendida en adulterio por los fariseos que la apedreaban, a pesar de que merecía morir según la Ley. Además, sanaba y restauraba con compasión a los leprosos, a los ciegos y a otros muchos enfermos que le buscaban.

- Además. Jesús perdonó a los pecadores para que Dios los sanara.

- Curó a la suegra de Pedro, al hombre de la mano arrugada, al ciego de cuarenta años. Resucitó a los muertos, entre ellos a Lázaro y al hijo de la viuda. Mientras estaba con los discípulos, Jesús oró por el arrepentimiento de Pedro antes de que Satanás le tentara para que le negara. Jesús había elegido a Pedro para dirigir la Iglesia tras su partida, pero Satanás planeaba seducirle y robarle su ministerio.

*"Simón, Simón, he aquí Satanás te ha pedido para zarandearte como a trigo: Pero yo he rogado por ti, para que tu fe no falte; y cuando te hayas convertido, confirma a tus hermanos." — **Lucas 22:31-33***

Además, la oración de Jesús por sus discípulos contiene tres elementos esenciales. Primero, Dios los había elegido, por lo que le pertenecían. Segundo, **les pidió** que se unieran como Él se unió al Padre. **El tercero es** la petición de protección para los doce discípulos y para todos los que creyeran en Él.

"No ruego sólo por éstos, sino también por los que han de creer en mí por la palabra de ellos;[21]para que todos sean uno, como tú, Padre, en mí, y yo en ti, que también ellos sean uno en nosotros; para que el mundo crea que tú me has enviado.[22]Y la gloria que me diste, yo les he dado, para que sean uno, como nosotros somos uno:[23]yo en ellos, y tú en mí, para que sean perfectos en uno; y para que el mundo conozca que tú me has enviado, y que los has amado a ellos como también a mí me has amado.[24]Padre, quiero que también ellos, los que me has dado, estén conmigo donde yo estoy.

para que vean mi gloria que me has dado; porque me has amado desde antes de la fundación del mundo. Padre justo, el mundo no te ha conocido; pero yo te he conocido, y éstos han conocido que tú me enviaste." — **Juan 17:20-25**

Oró por sus crucificadores y adversarios durante su vida perfecta y su sacrificio expiatorio en la cruz. Intercedió por sus discípulos y creyentes. Incluso después de Su ascensión, continúa haciéndolo. Jesús está ahora sentar do a la diestra de Dios, intercediendo por nosotros.

Jesús es el sumo sacerdote que puede compadecerse de nuestras debilidades. Aunque la gente lo tentó, Él nunca pecó (Mateo 4:1-10). Él salva por su bondad. Él justifica y santifica a los creyentes. Cuando entregamos nuestras vidas a Jesús, Él se identifica con nosotros. Nos transforma a Su imagen por Su gracia. El Señor nos defiende y vindica contra las acusaciones de Satanás.

El Espíritu Santo y la intercesión

Después de Su resurrección, Jesús dijo a Sus discípulos que permanecieran en Jerusalén hasta que recibieran el poder del Espíritu Santo para continuar el ministerio. Prometió a sus discípulos que traería un "Ayudante" que les daría poder y les enseñaría. Así, en el día de Pentecostés, una fiesta de acción de gracias por los primeros frutos de la cosecha de trigo, mientras se reunían en una habitación superior para orar, recibieron el Espíritu Santo y hablaron en otras lenguas.

Esto asombró a la gente, pero Pedro explicó que era el don del Espíritu para que la gente pudiera escuchar la Palabra de Dios. Después de que Pedro les predicara, el Espíritu Santo los convenció de sus pecados. Preguntaron qué debían hacer para salvarse. Pedro les dijo que se arrepintieran de sus pecados y se bautizaran en el nombre de Jesucristo para obtener el perdón. Unas 3.000 personas, que recibieron el sermón de Pedro, se convirtieron y bautizaron. En Jesucristo, el Espíritu Santo lleva de nuevo a cada cristiano. Nacemos del Espíritu, y el Espíritu Santo sella nuestra salvación (Ef. 4:30).

> *"Pero recibiréis poder, cuando venga sobre vosotros el Espíritu Santo, y seréis mis testigos en Jerusalén, en Judea, en Samaría y hasta lo último de la tierra."* — **Hechos 1:8**

> *"Yo rogaré al Padre, y os dará otro Consolador que esté con vosotros para siempre: el Espíritu de la verdad. El mundo no puede aceptarlo porque ni lo ve ni lo conoce. Pero vosotros le conocéis, porque vive con vosotros y estará en vosotros."* — **Juan 14:16-18**

La oración es *la vía para desarrollar una relación personal con Dios para hacer avanzar Su reino.* Por eso nos dio el Espíritu Santo, que nos permite obedecer Su Palabra y nos guía en la oración mientras caminamos en el Espíritu. nos capacita para obedecer Su Palabra y nos guía en la oración mientras caminamos en el Espíritu. Nacemos del Espíritu, y el Espíritu Santo sella nuestra salvación. Al obedecer la Palabra de Dios, producimos el fruto del Espíritu que agrada a Dios.

> *"Pero el fruto del Espíritu es amor, gozo, paz, paciencia, benignidad, bondad, fidelidad, mansedumbre, templanza; contra tales cosas no hay ley."* — **Gálatas 5:22-23**

Además, Dios da a los creyentes dones para Su propósito en el cuerpo de Cristo. Sólo el Espíritu Santo nos capacita para optimizar el uso de los dones para el servicio de Dios. Por ejemplo, los discípulos hablaron en otra lengua cuando el Espíritu Santo vino sobre ellos en Pentecostés. Los que hablan en otras lenguas con el poder del Espíritu Santo muestran la señal sobrenatural de Dios de que han sido llenos del Espíritu Santo. Cuando oramos en lenguas, hablamos misterios en el Espíritu, y sólo Dios entiende (1 Corintios 14:2).

> *"⁴Ahora bien, hay diversidad de dones, pero un mismo Espíritu. ⁵Y hay diversidad de ministerios, pero el Señor es el mismo. ⁶Y hay diversidad de operaciones, pero es el mismo Dios el que obra todo en todos. ⁷Pero a cada uno le es dada la manifestación del Espíritu para provecho. ⁸Porque a uno es dada por el Espíritu palabra de sabiduría; a otro, palabra de ciencia por el mismo Espíritu;⁹A otro, fe por el mismo Espíritu; a otro, dones de sanidades por el mismo Espíritu;¹⁰A otro, hacer milagros; a otro, profecía; a otro, discernimiento de espíritus; a otro, diversos géneros de lenguas; a otro, interpretación de lenguas." — **1 Corintios 12:4-10**

El Espíritu Santo también intercede por nosotros, especialmente cuando no sabemos rezar. Así, el Espíritu Santo asume la responsabilidad, ya que conoce nuestras cargas, la voluntad de Dios y lo que es mejor. El Espíritu Santo nos ayuda en nuestras debilidades cuando nos sentimos sobrecogidos y no sabemos cómo debemos orar a Dios. El Espíritu Santo toma el control cuando no tenemos palabras para comunicar nuestras peticiones en nuestras horas más difíciles.

*"²⁶Así también el Espíritu nos ayuda en nuestras flaquezas; porque no sabemos lo que hemos de pedir como conviene; pero el Espíritu mismo intercede por nosotros con gemidos indecibles.²⁷Y el que escudriña los corazones sabe cuál es la mente del Espíritu, porque intercede por los santos según la voluntad de Dios.²⁸Y sabemos que a los que aman a Dios, todas las cosas les ayudan a bien, esto es, a los que conforme a su propósito son llamados." — **Romanos 8:26-28**

Como cristianos, **nuestra misión principal** *es dar testimonio del Evangelio con nuestras palabras y obras.*

Debemos reflejar el carácter de Jesús en nuestras vidas, no sólo con palabras. La **única forma viable** es que el Espíritu Santo se mueva a través de nosotros. A través de nosotros, Dios sigue obrando milagros. No podemos hacerlo sin la ayuda del Espíritu Santo.

El Espíritu Santo interviene y trae liberación cuando los problemas son abrumadores. Él trabaja para traernos la victoria.

Él intercede por nosotros y nos ayuda a orar con la voluntad de Dios. Pero las palabras humanas no pueden expresar la intercesión del Espíritu.

La Iglesia reza por Pedro

Tras la ascensión de Jesús, la Iglesia se enfrentó a la persecución. Primero, el rey Herodes mató a Santiago y encarceló a Pedro por predicar el Evangelio. Mientras Pedro estaba en prisión, la iglesia oró fervientemente a Dios por él. Herodes había planeado eliminar a los líderes de la Iglesia y perseguir a los creyentes. Cuatro escuadrones de soldados custodiaban a Pedro mientras dormía atado con dos cadenas.

La víspera de su juicio y ejecución, de repente, se le apareció un ángel que le dijo que se vistiera. Siguió al ángel fuera de la prisión. En el camino de salida, pasaron por dos puestos de guardia, y al acercarse a la puerta de la prisión, ésta se abrió por sí sola hasta que Pedro llegó a las calles de la ciudad de Jerusalén, y el ángel le abandonó. Pensó que era un sueño hasta que se dio cuenta de que era real. Dios intervino y lo salvó. Detuvo los planes de Herodes y del Sanedrín (Hechos 12:3-19).

Así, este ejemplo demuestra que **los milagros ocurren cuando la gente reza en colaboración con sinceridad**. Además, las oraciones colectivas desempeñaron un papel vital en la Iglesia cristiana primitiva.

> *"Otra vez os digo, que, si dos de vosotros se pusieren de acuerdo en la tierra en cuanto a pedir, les será hecho por mi Padre que está en los cielos. Para que su nombre sea glorificado."* — *Mateo 18:19*

Nos beneficiamos cuando nuestros corazones se unen en la oración. Por lo tanto, no debemos dejar de aprender y crecer en la intercesión. De hecho, reunirnos con otros creyentes en comunión y adoración nos lleva a crecer en Él. Hay poder en una intercesión unida. Por lo tanto, orar con unidad aumenta nuestra autoridad y produce muchos resultados.

La intercesión de Epafras por la Iglesia

Epafras llegó a ser un siervo fiel y miembro de la iglesia de Colosas. Era un hombre de oración que perseveraba en largas horas de oración por la iglesia. Voluntariamente trabajó de rodillas para que los creyentes colosenses se mantuvieran y maduraran espiritualmente. Más tarde, visitó a Pablo en Roma y le trajo un informe favorable. La información animó a Pablo, que más tarde lo envió de vuelta a Colosas, llevando la carta de Pablo a los santos de esa ciudad. Pablo elogió a Epafras por su labor de amor en la viña del Señor. Deseemos el espíritu de intercesión para orar por los demás con constancia (Colosenses 1:7-8; 4:2-13).

Pablo exhorta a la Iglesia a interceder

Pablo fue inicialmente un enemigo de la fe cristiana, pero más tarde se convirtió en un ferviente predicador del Evangelio después de que Jesucristo lo eligiera. Fundó varias iglesias mientras viajaba predicando el evangelio por Asia Menor y Europa con el mensaje de salvación a los gentiles. Además, Pablo pidió a los creyentes que intercedieran por todos los hombres, incluidos los que tenían autoridad, para que vivieran en paz (Gal. 4:19; 1 Tim. 2:1-5).

En conclusión

La oración de intercesión es una petición a Dios para que Su misericordia restaure a los demás. Dios inició la intercesión para restaurar la relación Dios-hombre, erosionada por el pecado desde la caída. Además, Él determina las condiciones para las oraciones de intercesión. Él ungió a los sacerdotes para que estuvieran en la brecha por Su pueblo. Sin embargo, algunos sacerdotes desobedecieron a Dios. Por lo tanto, Dios los castigó y honró a los que obedecieron Su palabra.

En el momento señalado, Jesús se manifestó e intercedió expiando nuestros pecados en la cruz y reconciliándonos con Dios. Él ha hecho de cada creyente un sacerdote. Por lo tanto, el Espíritu Santo capacita a los intercesores para interceder ante Dios por los demás. Es un mandato para todos los hombres orar sin cesar en el Espíritu en todas las ocasiones. Esto contrasta con el Antiguo Testamento, donde sólo los pocos ungidos tenían el mandato de orar a Dios. De ahí que la práctica de la intercesión siga siendo relevante para el cuerpo de Cristo en la sociedad cristiana contemporánea. Dios restaura la fe en Él en tiempos difíciles cuando intercedemos. Dios se aflige cuando descuidamos la oración por los demás.

La intercesión es un canal a través del cual Dios libera bendiciones. Dios destruye el plan del enemigo cuando intercedemos. Así, muchos intercesores oraron a Dios por el bien de las personas en la historia. Los Profetas, los Sacerdotes, Jesús, el máximo intercesor, los Apóstoles, los primeros creyentes y la iglesia hicieron intercesiones. Por lo tanto, todos los creyentes deben interceder por los demás.

El siguiente capítulo trata de los intercesores y de cómo Cristo Jesús pagó el precio del sacrificio para convertirse en el máximo intercesor de la humanidad en el Nuevo Testamento.

"El Espíritu del Señor Dios está sobre mí, porque el Señor me ha ungido para anunciar buenas nuevas a los humildes; me ha enviado a vendar a los quebrantados de corazón, a proclamar la libertad a los cautivos y la apertura de la cárcel a los presos; a proclamar el año agradable del Señor y el día de venganza de nuestro Dios; a consolar a todos los que lloran." — **Isa. 61:1-2**

2

Intercesores

¿Te entristece el caos y el sufrimiento en el mundo a causa del pecado y la consiguiente separación de Dios? Entonces compartes el deseo y la llamada de Dios a la intercesión en todos los aspectos de nuestras vidas.

Los intercesores son personas consagradas de Dios que oran por Su misericordia en favor de otros para su restauración.

El pecado y la muerte entraron en el mundo después de que Adán pecara. Pero Dios designó a Jesús como nuestro intercesor definitivo para redimirnos. Antes de que viniera Jesús, Dios buscó y consagró a personas piadosas, patriarcas, sacerdotes y profetas, jueces y libertadores, como intercesores que oraron por Su pueblo en el Antiguo Testamento. Algunos de estos intercesores fueron fieles a su mandato, mientras que otros fracasaron por desobediencia. Pero Dios había prometido un nuevo pacto con el Sumo Sacerdote perfecto. Isaías, como muchos otros profetas, profetizó sobre el Mesías cuando dijo:

Por lo tanto, Dios ungió a Jesucristo como el Gran Sumo Sacerdote y el intercesor perfecto que pagó el precio sacrificial definitivo para redimir a la humanidad. Jesús ha hecho de los cristianos un sacerdocio real para Dios para ofrecer sacrificios espirituales aceptables a través de Él. Él ha ordenado a los creyentes como intercesores para predicar la Palabra e interceder por otros en la habilidad del Espíritu Santo para la gloria de Dios.

> *"Ténganos cuenta de nosotros como de ministros de Cristo y administradores de los misterios de Dios.²Además, se requiere de los administradores que el hombre sea hallado fiel.³Pero para mí es muy poca cosa ser juzgado por vosotros, o por el juicio de los hombres; sí, yo no me juzgo a mí mismo." - 1 Corintios 4:1-3*

El apóstol Pedro también confirmó a los primeros creyentes dispersos que:

- Jesús los había hecho sacerdotes reales de Dios después de obtener misericordia, aunque originalmente no formaban parte de Su pueblo elegido, Israel.

- También Pedro describió la nueva generación sacerdotal que proclamará el sacrificio de Dios en forma de alabanza entre las naciones.

> *"⁹Pero vosotros sois linaje escogido, real sacerdocio, nación santa, pueblo adquirido por Dios, para que anunciéis las virtudes de aquel que os llamó de las tinieblas a su luz admirable: ¹⁰Los cuales en otro tiempo no eran pueblo, mas ahora son pueblo de Dios; los cuales no habían alcanzado misericordia, mas ahora la han alcanzado." — 1 Pedro 2:9-10*

Intercesores notables en el Antiguo Testamento

Abraham

Dios dijo a Abram que partiera de la casa de su padre hacia una tierra que Él le mostraría (Génesis 12:1). Prometió bendecir a Abram con descendencia y hacer de él una gran nación. Abram tomó a su mujer, Sarai, a su sobrino Lot, y partió de la casa de su padre hacia Canaán. Dios hizo un pacto de circuncisión con Abram y su descendencia y cambió su nombre por el de Abraham y rebautizó a Sarai, Sara. Abraham tenía una fe notable en Dios, y Él le bendijo abundantemente con riquezas, rebaños y camellos (Génesis 17).

Finalmente, Dios bendijo a Abraham con el hijo del pacto, Isaac, a una edad avanzada. Sin embargo, Abraham obedeció prontamente a Dios y se preparó para sacrificar a Isaac cuando Dios lo puso a prueba y le ordenó sacrificarlo. Él creía que Dios podía resucitarlo. Pero Dios le proporcionó un cordero para el sacrificio en lugar de Isaac. Así, Dios contó este acto de fe como justicia y le reafirmó las bendiciones de su pacto (Génesis 22).

Abraham se convirtió en el primer intercesor registrado en la Biblia cuando intercedió por Sodoma. Suplicó por la redención de Sodoma cuando Dios le comunicó su decisión de destruir la ciudad por sus pecados. Se hizo querer por Dios con la gran fe que le hizo único. Abraham fue audaz cuando supo que unos reyes habían capturado a Lot, su sobrino, mientras residía en Sodoma. Él y sus hombres persiguieron a los captores, los derrotaron y trajeron de vuelta a Lot y todas sus posesiones y su gente. Abraham no fue egoísta, sino que dio a Lot la elección de la porción de tierra en la que establecerse antes que él. Se aventuró a enfrentarse a un enemigo poderoso para rescatar a Lot; además, tenía una sólida relación con Dios. Como hombre que obedecía los mandamientos de Dios y caminaba estrechamente con Él, Dios le reveló la inminente destrucción de Sodoma y Gomorra. Abraham se puso audazmente en la brecha como intercesor y suplicó fervientemente a Dios por Sodoma y Gomorra. Tenía la absoluta convicción de que Dios era un juez justo y salvaría a los justos. Además, construía altares para Dios, le daba la gloria y la alabanza, y dependía de Él. También era muy hospitalario con los extranjeros.

> *"¿He de ocultar a Abraham lo que voy a hacer, puesto que Abraham llegará a ser una nación grande y poderosa?"* — **Génesis 18:17-18**

La Biblia lo describe como amigo de Dios porque era obediente (Génesis 18). Dios eligió a Abraham como el hombre a través del cual cumpliría la promesa de redención para el mundo. Él sabía que Abraham criaría a sus hijos en el camino del SEÑOR. Así, Dios hizo un pacto con él para dar la tierra de Canaán a sus descendientes y bendecir a las naciones a través de él. De hecho, los israelitas se convirtieron más tarde en esclavos en Egipto y después entraron en Canaán.

Abraham seguía cometiendo errores. Vaciló, escuchó el consejo de su esposa y tuvo un hijo con Agar, la criada. Por lo tanto, falló cuando tuvo un hijo con su criada. Pero Dios lo perdonó y le advirtió que caminara fielmente ante Él. Así, redimió a Abraham y a Sara, independientemente de sus tropiezos. También mintió sobre Sara a Abimelec por temor a su vida. Abraham llevaba un estilo de vida recto. Vivió para agradar a Dios, lo que atrajo sus bendiciones. Creyó en el plan de Dios sin saber lo que le esperaba.

Dios también cumplió sus promesas a Abraham. Como Abraham, debemos mostrar compasión y amor por los demás. Por lo tanto, debemos tener fe en Dios, permanecer cerca de Él e interceder por los demás según Dios nos guíe.

El profeta Moisés

Amram y Jocabed dieron a luz a Moisés en Egipto. La hija del faraón rescató a Moisés del agua y lo crio como hijo suyo cuando Jocabed lo escondió del decreto asesino del faraón. Moisés huyó de Egipto a Madián después de asesinar a un egipcio en defensa de un israelita y trabajó como pastor para su suegro, Jetro. Después de cuarenta años, Dios habló a Moisés en una zarza ardiente y le pidió que regresara a Egipto para liberar a su pueblo de la esclavitud. Dios le encargó que condujera a los israelitas fuera de Egipto hasta la Tierra Prometida.

> *"Y dijo Jehová: Ciertamente he visto la aflicción de mi pueblo que está en Egipto, y he oído su clamor a causa de sus capataces; porque conozco sus dolores; Y he descendido para librarlos de mano de los egipcios, y para hacerlos subir de aquella tierra a una tierra buena y espaciosa, a una tierra que fluye leche y miel; al lugar del cananeo, del heteo, del amorreo, del ferezeo, del heveo y del jebuseo." — **Exo. 3:7-8**

Moisés obedeció a Dios y se convirtió en un poderoso intercesor, profeta y gobernante de los israelitas. Se interpuso en la brecha y suplicó la misericordia de Dios para los israelitas, a menudo desobedientes, durante su viaje de cuarenta años a Canaán. Recibió los mandamientos de Dios en nombre de los israelitas. Moisés obedeció las leyes y órdenes de Dios frente a grandes desafíos. Tuvo una gran fe en Dios, incluso cuando otros dudaban de él. Tuvo una audacia santa y arriesgó su propia vida por Israel.

Además, Dios hizo tremendos milagros a través de él. Moisés sacó a los israelitas de Egipto y cruzaron el Mar Rojo a pie. Dios dio la ley a través de él. No fue egoísta; rechazó la promesa de Dios de elegirlo a él y destruir a los israelitas por su desobediencia.

Dios apreciaba las cualidades de Moisés como intercesor eficaz para los israelitas. Moisés oraba con valentía, pidiendo la misericordia de Dios para abstenerse del castigo divino. Además, Moisés tenía amor y pasión por el Señor, mostrando su poder prevaleciente con Él en las oraciones. Como resultado, Moisés tuvo una oportunidad única de hablar con Dios cara a cara.

Aunque la Biblia lo llama el hombre más manso, Moisés era falible. Las frecuentes murmuraciones de Israel y su desobediencia a la palabra de Dios le exasperaban. Era apasionado e impulsivo. Cuando Dios reveló a Moisés que tenía la intención de destruir la nación porque el pueblo estaba adorando un ídolo de oro al pie del monte Sinaí. La respuesta de Moisés fue brusca al ver las malas acciones del pueblo. Enfurecido, rompió las tablas de piedra inscritas con las leyes de Dios.

Además, Moisés no obedeció a Dios cuando le dijo que hablara a la roca para obtener agua. Debido a la irritación de Moisés por las quejas de la gente, golpeó la roca con su bastón y violó las instrucciones de Dios. Por lo tanto, Dios no le permitió entrar en la tierra prometida. La ira y las emociones de Moisés sacaron lo mejor de él. Dios ordenó a Moisés liberar a su pueblo de la esclavitud en Egipto. Dios usa a los humildes, no a los orgullosos. Por eso lo humilló hasta convertirlo en el hombre más manso de la tierra. Moisés nos enseña una lección fundamental para ayudarnos moral y espiritualmente. Tenía una estrecha relación con Dios. Así, encontró confianza en Dios, y Dios estaba con él.

Debemos seguir los mandamientos de Dios y entregarlo todo en sus manos para que él luche nuestras batallas por nosotros. Además, el liderazgo conlleva responsabilidades.

El Sacerdocio Levítico

Después de que Dios liberara a los israelitas de Egipto, los israelitas necesitaban un intercesor porque no podían acercarse a Dios basándose en sus méritos. Dios había hecho un pacto con ellos como pueblo suyo, pero desobedecieron el primer mandamiento que les dio. Por lo tanto, separó a Aarón y a sus descendientes de la tribu de Leví como sacerdotes para que le sirvieran y se pusieran en la brecha por Israel (Éxodo 19:6).

> *"12Y toma para ti a Aarón tu hermano, y a sus hijos con él, de entre los hijos de Israel, para que me sirva en el sacerdocio: Aarón, Nadab y Abiú, Eleazar e Itamar, hijos de Aarón."* — ***Éxodo 28:12***

Los levitas eran una tribu israelí sin tierra que descendía de Leví, hijo de Jacob. Aarón era el primer hijo de Jocabed de Leví, Miriam, la mayor, y Moisés. Dios nombró a Aarón sacerdote junto a sus hijos (1 Crónicas 23:13). Aarón se convirtió en el primer sumo sacerdote de Israel. El resto de los levitas ayudaban a los sacerdotes en el tabernáculo bajo la dirección de los sacerdotes (Deuteronomio 10:8-9). Dios permitía que sólo los sacerdotes le ministraran e intercedieran por Israel.

Algunos de los sacerdotes levitas son:

- Aaron.

- Eleazar, hijo de Aarón (Números 20:28).

- Finees, hijo de Eleazar.

- Abisua, hijo de Finees.

- Bukki, hijo de Abishua.

- Uzzi, hijo de Bukki.

- Ahitub, hijo de Finees.

Samuel, profeta y juez

El profeta Samuel era el profeta de Dios. Era un levita descendiente de Coat. También fue vidente y el último juez de Israel. Samuel dirigió Israel durante más de cuarenta años y ungió al primer rey de Israel, Saúl, y a su sucesor, David.

Samuel era hijo de Elcana y Ana. Nació en respuesta a la oración de su madre, Ana, en Ramataim-Zofim, en la región montañosa de Efraín. Antes de que Samuel naciera, su estéril madre juró que, si Dios le daba un hijo, ella se lo devolvería para el servicio de Dios. Así pues, Ana entregó a Samuel a Dios y al cuidado de Elí en Silo. Fue criado en la casa de Elí desde niño. Dios se reveló a Samuel cuando era increíblemente joven.

Dios eligió a Samuel para guiar a Israel cuando Elí y sus hijos fracasaron como sacerdotes. Samuel se convirtió en un poderoso profeta e intercesor de Israel durante muchos años. Desafió a Israel a volver al Señor. Samuel intercedió en respuesta a Dios, y el Señor le respondió. Advirtió a Israel que sirviera a Dios ya que Él los había elegido, por lo que temieron al Señor y le sirvieron. Además, les advirtió que no sirvieran a los ídolos, ya que Dios había querido que fueran Su posesión. También les recordó Su bondad y que se abstuvieran de desobedecer, ya que la maldad atraía el castigo. Cuando Israel pidió un rey, esto disgustó a Samuel, pero él llevó su petición ante Dios y la honró con una advertencia. Saúl fue el primer rey, pero Dios lo rechazó porque se rebeló. Por lo tanto, Dios ordenó a Samuel que ungiera rey a David. Posteriormente, Dios eligió a la tribu de Judá y estableció su pacto con la casa de David en Israel. Prometió a David que sus descendientes se sentarían en el trono de Israel hasta que la Rama justa viniera a restaurar Su trono (2 Samuel 7:8-16).

Isaías

Dios escogió a Isaías para que guiara a Judá y se pusiera en la brecha para evitar que la nación fuera juzgada. Los reyes y sacerdotes de Judá cometieron prostitución, al igual que los sacerdotes reincidentes de Israel. Los sacerdotes desacataban la ley de Dios, despreciaban los utensilios sagrados, no hacían diferencia entre lo limpio y lo impuro y se negaban a guardar los sábados. Judá violó la palabra de Dios y se alió con naciones paganas. El profeta Isaías predicó el arrepentimiento y la restauración. También les advirtió de la ira y el castigo de Dios contra los impíos que no se arrepintieran. Isaías condenó a Judá por ser infiel a Dios. Judá iría al cautiverio y regresaría en tiempos de Ciro, y Jerusalén sería destruida y reconstruida.

Sin embargo, Isaías oró insistentemente y prometió seguir intercediendo hasta que se restableciera la justicia en Jerusalén. Relató la bondad de Dios y reiteró que Él era su Padre. Isaías confesó honestamente a Dios sus pecados y los de su pueblo (Isaías 62:1). Isaías también tuvo muchas revelaciones sobre el Mesías.

Jeremiah

Dios comisionó a Jeremías como intercesor para entregar Sus palabras a Su pueblo en Israel cuando era joven. Jeremías dudaba de su capacidad para hablar porque era joven. Pero Dios le aseguró que estaría con él y ungió su boca para el servicio profético sobre las naciones (Jeremías 1). Israel había dado la espalda a Dios y adorado a Baal después de toda Su bondad. Sin embargo, Jeremías les predicó el arrepentimiento y les recordó el amor de Dios.

Dios había soportado los caminos desobedientes de los israelitas y su falta de confianza en Dios en sus asuntos. Jeremías, fiel a la palabra de Dios, advertía al pueblo sin temor, pero éste no se arrepentía. Como resultado, a menudo se lamentaba por la desobediencia del pueblo a Dios.

Jeremías fue fiel a Dios y declaró todas las palabras que Él le dijo. Cuando Israel estaba a punto de experimentar la ira de Dios, él se presentó ante Dios en nombre de Israel. En sus oraciones, confesó que habían pecado contra Dios. Confesó sus iniquidades, testificó contra ellos, y que su rebelión se había multiplicado. Jeremías buscó la misericordia de Dios para evitar el juicio. No obstante, su pueblo lo rechazó. Así, Israel sufrió el juicio de Dios.

Se enfrentó a la angustia y el dolor porque la gente a la que ayudaba no le quería y despreciaba la palabra de Dios (Jeremías 18:20). Algunos incluso intentaron matarlo, pero Dios lo protegió. El Señor no abandonó a Judá debido a su pacto con David. En cambio, le habló a Jeremías de cómo restauraría la nación de Israel. Debemos responder a la advertencia de Dios y seguir buscando su fidelidad, aunque Dios no responda a nuestras oraciones como deseamos.

Profeta Daniel

Daniel era humilde y obediente, aunque era príncipe de Judá. Estaba decidido a ser santo, incluso en el ambiente hostil del cautiverio babilónico (Daniel 2). Así, decidió no contaminarse con la comida del rey gentil. Como resultado, el rey le asignó honorablemente una posición de liderazgo. Daniel tenía una relación con Dios y se comunicaba con Él a través de la oración. Era un intercesor que llevaba una vida de devoción a Dios. Se convirtió en un vaso e intercedió por la restauración de Israel (Daniel 9).

Cuando Daniel intercedió por el pueblo de Israel, se alineó con los pecados de su pueblo y confesó sus pecados. Humillándose, como no hay justo, rogó por la misericordia de Dios para Israel. Además, Daniel, hombre de oración y ayuno, no oró por sus propios méritos, sino por la compasión de Dios. También intercedió sólo por la gloria de Dios. Nunca tomó la gloria de Dios por las muchas demostraciones de sus dones de sueños e interpretaciones.

Ezra

Esdras era descendiente de Aarón, el primer sumo sacerdote. Era sacerdote y escriba, versado en la Ley de Moisés. Esdras fue un intercesor compasivo que vivió en Babilonia antes de que el rey Artajerjes lo enviara a Jerusalén para enseñar las leyes de Dios.

Cuando el rey Ciro proclamó la reconstrucción del Templo de Dios en Jerusalén, Zorobabel condujo a los primeros voluntarios a Jerusalén.

Después de que reconstruyeron el Templo, Esdras guió a un gran grupo de exiliados de regreso a Jerusalén; predicó al rey Artajerjes acerca de la bondad de Dios y fue lo suficientemente audaz como para pedirle ayuda al rey. Confiaba en que Dios lo protegería, y practicaba lo que predicaba. Se afligía sinceramente por el pecado.

Dios eligió a Esdras como intercesor por los judíos. Como Esdras caminaba con Dios, Esdras tenía una carga para Judá, que se alejaba de los caminos de Dios. Condujo al pueblo a volver a la pureza y a obedecer los mandamientos del Señor (Esdras 9).

Por ejemplo, cuando se enteró de que algunos dirigentes y sacerdotes se habían casado con mujeres gentiles contraviniendo la ley de Dios, desafió al pueblo a hacer sacrificios aceptables y deshacerse de las esposas extranjeras. Sometió su vida al cuidado de Dios para encontrar la paz en circunstancias difíciles. Dios bendijo a los judíos con un renacimiento después de su exilio de Judá, y comenzaron de nuevo los sacrificios aceptables en el Templo (Esdras 10).

Intercesores en el Nuevo Testamento
Jesús, el Gran Sumo Sacerdote e Intercesor Supremo

Jesús es **el único mediador** entre Dios y el hombre, el gran sumo sacerdote y último intercesor. Además, los sacerdotes y profetas intercedían por Israel, pero todos tenían defectos, y algunos quebrantaban las leyes. Eran mortales, carentes de compasión, impuros, pecadores, y tenían que confesar y expiar sus pecados con la sangre de animales antes de interceder por los demás. Además, la sangre de los animales no podía hacerlos justos, ya que se necesitaban repetidos sacrificios diarios y estacionales para la expiación. Sin embargo, Dios bendijo a la humanidad con el gran Sumo Sacerdote, Jesús, el Hijo obediente glorificado. Él es la imagen y semejanza del Dios invisible. En Él habita la plenitud de los atributos divinos de Dios (Colosenses 1:19). Es santo, sin mancha, compasivo e intachable.

> *"Porque hay un solo Dios, y un solo mediador entre Dios y los hombres, Jesucristo hombre." — **1 Timoteo 2:5***

Cuando Jesús llegó en el momento oportuno, logró lo que los sacerdotes y profetas de Israel no pudieron; expió nuestro pecado con Su sangre inmaculada para reconciliar al hombre pecador con Dios. Él tuvo el ministerio perfecto de sacrificio y santificación. Nos dio Su justicia. La sangre de machos cabríos y ovejas ofrecida no podía purgar a la gente de sus pecados, pero la sangre inmaculada que Jesús derramó una sola vez por nosotros nos limpió de toda maldad para servir al Dios vivo (Hebreos 9:1-28). El deber anual del sumo sacerdote en el Día de la Expiación era sólo una sombra de lo que Jesús finalmente hizo por la humanidad en la Cruz (Romanos 8:34). Jesús nunca pecó. Sin embargo, pagó por nuestros pecados con Su sangre inmaculada de una vez por todas. Jesús es un sumo sacerdote misericordioso, fiel y perfecto en los cielos, que cumplió las promesas y profecías predichas por los profetas de la antigüedad. El sacrificio de sangre animal ya no es necesario porque Jesús derramó Su sangre en la cruz del Calvario para la remisión de los pecados (Hebreos 7:2-25; 8:1-13).

Además, la relación de Jesús con Dios difería de la de todos los sacerdotes y profetas, ya que Dios reconcilió al mundo consigo mismo a través de Jesús. No tenía pecado y era puro (Juan 1:1-5, 30; 3:16, 17). Él es fiel y tiene una relación unida con Dios. Dios perdona nuestros pecados a través de Jesús. Jesús está por encima de todo nombre en el Cielo y en la Tierra (Heb. 9:11-15). Nuestro misericordioso y fiel Sumo Sacerdote se hizo hombre y vivió como nosotros en la tierra. Por lo tanto, Él entiende la pobreza, la tentación y el sufrimiento como un ser humano, sin embargo, Él estaba libre de pecado.

Jesús es **el único sacerdote** cualificado para interceder por la humanidad ante Dios por derecho propio. Él es la verdad, la vida y el único camino hacia Dios. Cristo es el Verbo hecho carne, el Primogénito de entre los muertos. Es nuestro Creador, Defensor y Redentor. Cristo, el Señor, es más grande que los profetas. Él es la roca de los siglos, el fundamento seguro, la piedra angular. Jesús sufrió y nos aceptó como hermanos en Su humanidad y como simiente de Abraham. Él derrotó al diablo. Además, Jesús es el Apóstol y sumo sacerdote de nuestra alma. Él ve todo Él tenía la autoridad para restaurar a los enfermos y endemoniados. Protegió Sus disciplinas del mal mientras estuvo en la Tierra. Intercedió por todos los que creyeran en Él para que venciéramos la tentación de Satanás. Jesús continúa orando por nosotros como nuestro intercesor en el Cielo. Él es la razón por la que la presencia de Dios está ahora en medio de Su pueblo, siendo nuestro cuerpo el Templo de Dios. Su presencia se manifiesta a medida que crecemos en nuestra fe en Cristo obedeciendo la Palabra. Él comisionó a la Iglesia para continuar como sacerdotes en Su lugar, tanto judíos como gentiles. Así, podemos acudir con valentía a Dios a través de Él en la oración.

El Espíritu Santo como intercesor

Nuestro compañero de oración es el Espíritu Santo. El privilegio de disfrutar de la comunión con Dios es sólo a través del Hijo y del Espíritu Santo. El Espíritu Santo, parte de la Trinidad, tiene los mismos atributos de omnisciencia (todo lo sabe), omnipresencia (presente en todas partes simultáneamente) y poder ilimitado.

> *"No sabemos lo que debemos pedir, pero el Espíritu mismo intercede por nosotros mediante gemidos sin palabras[27] Y el que escudriña los corazones sabe cuál es la mente del Espíritu, y porque intercede por los santos según la voluntad de Dios."* — **Romanos 8:26, 27**

Jesús aseguró a sus discípulos la ayuda del Espíritu Santo para continuar su ministerio en la tierra. El día de Pentecostés, Dios cumplió esta promesa. Este día conmemora la efusión del Espíritu Santo y la capacitación de los Apóstoles y otros discípulos para proclamar el Evangelio al mundo. El Espíritu Santo sólo venía sobre los justos periódicamente en el Antiguo Testamento. Posee emociones, intelecto y voluntad y mora en los hijos de Dios hasta que Jesús regrese (Juan 14:26).

El Espíritu Santo es nuestro *Consolador, Consejero, Abogado Fortalecedor, Intercesor y Guía. El Espíritu Santo, Consejero, y el Espíritu de Verdad* son otros nombres del Espíritu Santo.

- Consuela, intercede y realiza cosas que sólo Dios puede realizar, como la creación, la regeneración y la santificación, y nos asegura la salvación.

- El Espíritu Santo nos habla y hace que la verdad sea explícita.
- Él guía y dirige nuestras vidas con Su impartición.
- Además, el Espíritu Santo fortalece nuestros pensamientos y nos capacita para orar según la voluntad de Dios.
- Por último, ayuda al creyente a vivir victoriosamente sobre el pecado y nos guía en nuestras luchas.

Las personas que depositan su fe en Jesucristo y responden a su convicción recibirán la vida eterna y una nueva naturaleza.

- El Espíritu Santo nos capacita con dones espirituales para dar testimonio; nos capacita e imparte dones espirituales para dar testimonio.
- Ya se trate de una misión sagrada o de una calamidad nacional, el Espíritu ayuda al creyente a llevar la carga que se le ha impuesto.
- El Espíritu Santo intercede por nosotros y nos permite intervenir. Él es el Espíritu de la Verdad, que enseña la palabra de Dios con revelaciones divinas.
- El Espíritu Santo es un intercesor y nuestro guía cuando nos sometemos a Él. Él nos ayuda y nos muestra las cosas por venir (Juan 14:16).
- Además, intercede por los creyentes basándose en la voluntad de Dios cuando no sabemos cómo o qué rezar.
- Por último, es el aliado más fiable de todos en tiempos difíciles. Los discípulos confiaron en Él en situaciones difíciles. Un intercesor sigue la guía del Espíritu Santo y espera Su guía (Romanos 8:26-27).

En primer lugar, el Espíritu Santo nos ayuda a rezar en momentos de gran dificultad.

Entonces, cuando no tenemos palabras para orar, Él gime en nuestro favor mientras intercede por nosotros ante Dios.

Intercesores en la Iglesia primitiva
Apóstol Pedro

Como nueva creación en Cristo y con el poder del Espíritu Santo, los creyentes de la Iglesia primitiva se convirtieron en fieles intercesores.

Pedro era el discípulo de Jesús. Él y su hermano Andrés eran pescadores, y su vocación se produjo cuando Jesús se encontró con ellos echando las redes. Jesús les dijo: "Seguidme y os haré pescadores de hombres" (Mateo 4:18). Significaba que predicarían la palabra y llevarían a otros al reino de Dios (Efesios 2:20-22).

Jesús dio a Pedro y a los demás discípulos el poder de interceder por la gente mientras predicaban el Evangelio (Mateo 10:5-40). Oraron para curar a los enfermos y liberaron a otros de espíritus inmundos. Además, cuando Jesús ascendió, todos fueron a Jerusalén para recibir el Espíritu Santo, según las instrucciones de Jesús, "quedaos en la ciudad de Jerusalén, hasta que seáis investidos de poder desde lo alto." (Lucas 24:49).

Después de recibir el Espíritu, Pedro enseñó a la gente y reprendió sus acciones, salvándose cerca de tres mil personas en un solo día. Por último, intercedió, y un ciego recobró la vista (Hechos 2, 3). Además, también oró por Eneas, enfermo de parálisis desde hacía ocho años. Pedro dijo:

"Jesucristo te sana", y Jesús, por medio de Pedro, curó a Eneas.

Después de que Jesús eligiera a Pedro para dirigir la iglesia, éste realizó muchas obras recogidas en la Biblia. Aunque Pedro negó a Jesús cuando fue arrestado, se arrepintió y cumplió su ministerio de dirigir la iglesia.

El apóstol Pablo

Pablo persiguió y encarceló a cristianos que difundían el evangelio de Cristo con la connivencia de las autoridades. Aceptó y presenció la muerte por lapidación de Esteban. Un día, cuando se dirigía a arrestar a más cristianos en Damasco, se encontró con Jesús, y una luz brillante del cielo apareció de repente a su alrededor. Entonces cayó al suelo y oyó una voz que decía,

"Saulo, Saulo, ¿por qué me persigues?" — **Hechos 9:4**

Se quedó ciego y la gente que acompañaba a Saulo lo condujo a Damasco, y durante tres días ayunó. Además, el Señor envió a Ananías a orar por Pablo. Después de eso, Pablo se quedó con los seguidores del Señor en Damasco, donde fue a la Sinagoga y predicó acerca de Cristo. Todos los que oyeron la predicación de Pablo se sorprendieron, porque habían escuchado lo que había hecho a los seguidores de Cristo. Pablo predicaba con poder y autoridad, lo que sorprendió a los judíos de Damasco. Más tarde, algunos de ellos planearon matar a Pablo. Pero cuando se enteró, escapó a Jerusalén para estar con los seguidores del Señor. Sin embargo, le temían porque no creían que fuera auténtico. Posteriormente, Dios eligió a Pablo y Bernabé como compañeros, y la Iglesia de Antioquía oró para que se pusieran en camino para predicar. Pablo viajó mucho para predicar la palabra. Por desgracia, el pueblo judío se puso celoso de Pablo y lo maltrató. A pesar de todos los problemas de Pablo, estaba dispuesto a morir por Cristo.

Ananías

Ananías era un creyente de Damasco. Era un devoto observador de la ley y muy respetado por todos los judíos que vivían allí. Dios envió a Ananías a interceder para que Saulo (Pablo) recuperara la vista porque se había quedado ciego durante un encuentro con Jesús de camino a Damasco para arrestar cristianos (Hechos 9:1-9). Ananías no estaba dispuesto a hacer lo que Dios le había ordenado porque conocía el mal que Saulo había hecho a los seguidores de Cristo. Pero Dios le aseguró que había designado a Saulo como su siervo escogido para predicar el nombre de Jesús a muchos.

> *"15Y el Señor le dijo: Vete, porque instrumento escogido me es éste, para llevar mi nombre en presencia de los gentiles, y de reyes, y de los hijos de Israel:"* — **Hechos 9:15**

Entonces, Ananías obedeció a Dios y siguió su camino hasta donde se alojaba Saulo. Entonces, Ananías impuso las manos sobre Saulo y oró por él como Dios le había ordenado.

> *"Ananías se fue y entró en la casa; y poniéndole las manos encima, dijo: Hermano Saulo, el Señor Jesús, que se te apareció en el camino por donde venías, me ha enviado para que recibas la vista y seas lleno del Espíritu Santo."* — **Hechos 9:17**

Saulo recuperó la vista. Entonces Ananías bautizó a Saulo, convirtiéndolo así al cristianismo. El hombre que perseguía a los creyentes ahora depende de uno.

Intercesores hoy

Los israelitas no podían entrar en el Lugar Santo para ofrecer sus sacrificios, ya que sólo los sacerdotes levitas podían entrar en la presencia de Dios. En contraste, los creyentes vienen directamente a Dios en el Nuevo Testamento a través del gran Sumo Sacerdote, Jesucristo. Por lo tanto, no hay mediadores terrenales entre Dios y los hombres. Jesús, nuestro Sumo Sacerdote, hizo un sacrificio por el pecado de todos los hombres, y ya no se requieren sacrificios.

Cuando Jesús murió, Dios rasgó el velo del Templo, permitiéndonos el acceso directo al lugar santo donde podíamos recibir misericordia. Por lo tanto, cuando confesamos y aceptamos a Jesús como nuestro Salvador, pasamos a formar parte del sacerdocio real de Dios y obtenemos el privilegio de acudir al Padre en oración por nosotros mismos y por los demás.

Dios utiliza a los creyentes como un reino de sacerdotes para representarle en el ministerio de la intercesión. Según la Biblia, Jesús ha hecho de cada creyente un sacerdote real de Dios. Jesús cumplió la ley y consagró a todos los creyentes como reyes y sacerdotes de Dios. Así, los creyentes tienen acceso ilimitado al lugar santísimo para ofrecer sacrificios de alabanza y acción de gracias (1 Pedro 2:9-10). Así también, los creyentes son el tesoro de Dios, los Sacerdotes reales elegidos, liberados de las tinieblas, llamados a ser santos e irreprensibles a Sus ojos, a proclamar Su excelencia.

> *"[1]Exhorto, pues, ante todo, a que se hagan rogativas, oraciones, peticiones y acciones de gracias, por todos los hombres;[2] por los reyes y por todos los que están en autoridad, para que vivamos*

*quieta y reposadamente en toda piedad y honestidad." - **1 Tim. 2:1-***

Debemos cumplir toda Su voluntad, ofrecer sacrificios espirituales y proclamar las alabanzas de Aquel que nos libró de las tinieblas a Su luz. El cuerpo del creyente es el Templo del Espíritu Santo, y nuestro corazón es el altar (1 Corintios 6:19-20). Así pues, Dios nos ha encargado que presentemos nuestro ser como sacrificios vivos, sirviéndole de corazón (Romanos 12:1-2). Dios, por medio de Cristo, reconcilió al mundo consigo mismo. Además, ha dado a los creyentes el deber de **continuar el ministerio de la reconciliación**.

> *"18Y todo esto proviene de Dios, quien nos reconcilió consigo mismo por Jesucristo, y nos dio el ministerio de la reconciliación;19 a saber, que Dios estaba en Cristo reconciliando consigo al mundo, no imputándole sus pecados, y nos encargó a nosotros la palabra de la reconciliación. 20Así que, somos embajadores en nombre de Cristo, como si Dios os rogase por medio de nosotros, os rogamos en nombre de Cristo que os reconciliéis con Dios." — **2 Corintios 5:18-20***

Cada creyente debe alabar a Dios por la redención que vino a través de Jesucristo y vivir una vida agradable que trae honor y gloria a Él. Debemos declarar Su Señorío a la gente que nos rodea y orar para que los que están en tinieblas vengan a la luz ayudándoles a ver la gloriosa naturaleza de Jesús. Las Sagradas Escrituras animan a los creyentes en Cristo a acercarse al trono de Dios en tiempos de necesidad (Hebreos 16:22).

Debemos permitir que Él nos fortalezca en la oración. El llamamiento divino a la intercesión cumplirá Sus planes en la Tierra como en el Cielo (1 Juan 5:1). Además, Dios puede inspirar nuestros corazones para que se pongan en la brecha en favor de las personas, las familias y los países. Por lo tanto, debemos atender la llamada y movernos con compasión y misericordia para pedir la intervención, la gracia y la protección de Dios para salvar a las almas del peligro.

En conclusión

La oración de intercesión es una petición a Dios para que restaure con su misericordia. Hoy, Dios busca intercesores, ya que todos los creyentes en Cristo han sido llamados al ministerio de la intercesión y la reconciliación. Jesús pagó el precio de nuestra redención, pero la humanidad perece en las tinieblas. Por eso, Dios desea que nos levantemos e intercedamos por los demás.

Los lectores deben entender que Dios escogió y consagró sólo a los sacerdotes y profetas para que estuvieran en la brecha por Su pueblo bajo el Antiguo Testamento.

Sin embargo, en el **Nuevo Testamento**, Cristo Jesús pagó el precio del sacrificio como último intercesor.

- Es el último abogado e intercesor de la humanidad ante el trono de Dios.
- Ha hecho de los creyentes sacerdotes reales e intercesores de Dios.

Como creyentes de hoy e intercesores de mañana, debéis permanecer en la brecha en oración por los demás. Tenemos al Espíritu Santo como nuestro ayudante para presentarnos ante el trono de Dios, arrepintiéndonos y confesando nuestros pecados, pidiendo perdón por las comunidades con humildad.

¿Qué estándar exige Dios de sus vasos llamados? Discutiremos algunas cualidades de los intercesores en el siguiente capítulo.

3

Cualidades de un intercesor

Los creyentes tienen el mandato de orar por los demás, pero ¿qué cualidades nos hacen **intercesores eficaces**? Los intercesores deben tener **cualidades piadosas** para ser eficaces en el ministerio de intercesión. Dios siempre establece el estándar divino para **Sus siervos escogidos** para un ministerio efectivo. Sus profetas, los sacerdotes levitas como intercesores en el Antiguo Testamento, llevaban una vida santa, separados de los pecadores, obedientes, misericordiosos, y teniendo completa devoción estrictamente a Sus leyes ya que nadie puede venir a Dios con inmundicia. Sin embargo, rompieron algunas de las leyes de Dios.

*"Santidad, sin la cual nadie verá al Señor." — **Hebreos 12:14***

Sin embargo, Jesús, el **impecable hijo** de Dios, y el exacto resplandor de la gloria de Dios y la exacta representación de Su naturaleza, es el único intercesor perfecto (Mateo 16:16). En Su ministerio terrenal, Jesús reflejó el carácter de Dios y exhibió cualidades piadosas como el amor, la paz, la compasión, la paciencia y la obediencia. Jesús tuvo una comunión íntima con Dios y nunca pecó. Él ha facultado a cada creyente como intercesor con el Espíritu Santo para vivir una vida piadosa y producir los frutos del espíritu. Por lo tanto, los intercesores siguen el camino del maestro, Jesús, para mantener una estrecha relación con Dios y exhibir rasgos piadosos como la santidad, la obediencia amorosa a Su palabra, la devoción completa, y muchos más.

Cualificación de los intercesores en el Antiguo Testamento

El Sacerdocio Levítico

Dios estableció el sacerdocio obligatorio por nacimiento de la familia de Aarón en Israel como intercesores por Israel. Les dio leyes a través de Moisés para regir su estilo de vida. Entre otras, Dios exigió que el sacerdocio tuviera las siguientes cualidades.

- La santidad.
- Intachable y sin mancha según la norma de Dios.
- Separación de los pecadores.
- Obediencia.
- Devoción completa.

Santidad

Dios es perfecto y libre de todo mal y defecto, y nadie puede acercarse a Él con impureza. Él exige a Sus siervos que se separen de la inmundicia del mundo. Él desea el servicio de un corazón <u>santo</u> porque Él es santo. Así que, cuando Dios se le apareció a Abraham después de que Ismael nació, le dijo: "Yo soy el Dios Todopoderoso; anda delante de mí y sé perfecto" (Génesis17:1). Entonces, Abraham obedeció y conoció íntimamente a Dios. Construyó altares y le adoró. Del mismo modo, Job era un hombre recto que temía a Dios y rehuía el mal, aunque sus tres amigos le acusaban.

Cuando Dios eligió a Aarón y a sus hijos como sacerdotes, les ordenó que fueran santos observando todas las reglas que dio a Moisés. Que nadie se haga impuro por los muertos entre su pueblo, excepto sus parientes más cercanos. El esposo debe ser limpio entre su pueblo y no profanarse, ni ofrecer sacrificios sin mancha. No deben casarse con una prostituta ni con una mujer que haya sido profanada, ni deben casarse con una mujer divorciada de su marido, pues el sacerdote es santo para su Dios entre los demás.

El sumo sacerdote no debe dejarse suelto el cabello de la cabeza ni rasgar sus vestiduras. Ningún hombre de la descendencia del sacerdote Aarón que tenga defecto debe acercarse a ofrecer las ofrendas del Señor; como tiene defecto, no se acercará a ofrecer el pan de su Dios y muchos más.

También se lavaban con agua, vestían ropas sagradas y ofrecían sacrificios por sus pecados antes de presentarse ante Él en el templo para orar por Israel (Éxodo 30:19-21).

> *"Yo soy el Señor, vuestro Dios; consagraos y sed santos, porque yo soy santo." — **Levítico 11:44***

La naturaleza santa de Dios aborrece el pecado, y Su justo juicio cae sobre aquellos que violan Sus sagradas leyes. Por eso castigaba a los que se contaminaban a sí mismos y a Su santo templo. Por ejemplo, el sumo sacerdote moría si entraba impuro en el lugar santo. Los dos hijos de Aarón murieron en el tabernáculo porque desobedecieron los protocolos y ofrecieron fuego extraño ante el Señor.

"Cuídate de no olvidarte del Señor, tu Dios, dejando de observar sus mandamientos, leyes y decretos que yo te doy hoy" —- **Deuteronomio 8:11**

Cuando Israel profanó el Templo con ídolos, la presencia de Dios abandonó el templo, y sus enemigos destruyeron el templo. Una demostración obvia de que Dios no tolerará la inmundicia en Su presencia. También rechazó los sacrificios de los sacerdotes que se contaminaban con mujeres gentiles.

Intachable

Sin mancha, en las Escrituras, se refiere a aquellos que son inocentes de ofensa y sin culpa - integridad, verdad, perfecto, sincero, sin mancha, recto, entero, sin mancha, obediente, y sin mancha.

"²El que camina rectamente, y obra justicia, y habla la verdad en su corazón. ³El que no murmura con su lengua, ni hace mal a su prójimo, ni levanta oprobio contra su prójimo." - **Salmo 15:2-3**

Dios es irreprochable en todos sus caminos, incluidos sus juicios. Él no hace nada malo y nunca es culpable. Dios ordena a sus siervos que sean intachables porque nuestra fidelidad lo honra. Noé era irreprochable e hizo cosas buenas que lo distinguieron del resto de la humanidad. Era un hombre justo, inocente entre la gente de su tiempo, y caminó fielmente con Dios (Génesis 6:9). Del mismo modo, Job era irreprochable y recto ante Dios (Job 1:1).

"Serás perfecto con Yahveh tu Dios." — **Deuteronomio 18:13**

Dios ordenó a los sacerdotes que fueran intachables y cumplieran sus deberes con sinceridad. Les exigía que juzgaran al pueblo según la ley y que no lo defraudaran. Por ejemplo, Dios castigó a los hijos de Elí, el sumo sacerdote, por sus tratos fraudulentos con los sacrificios. Tomaban porciones de los sacrificios que pertenecían al Señor y despreciaban las ofrendas (1 Samuel 2:12-17). Del mismo modo, cuando David cometió adulterio con Beerseba y mató a su marido, Dios le dijo a David que había dado ocasión a otros de blasfemar Su nombre. Sólo los que andan sin mancha y con rectitud, los que dicen la verdad de corazón, morarán en la tienda de Dios y nunca serán conmovidos (Salmo 15).

Separación de los pecadores

Dios ordeno a Su pueblo que se uniera a Él y se separara de los pecadores y del sistema mundano para que la gente impia no influyera en ellos para servir a otros dioses. Por ejemplo, Dios le dijo a Abraham que dejara a su parentela y viajara a una tierra que Él le indicaría. También ordenó a los israelitas que no se casaran con los cananeos adoradores de Baal, o de lo contrario los atraparían en la idolatría. Cuando Salomón se casó con mujeres gentiles, éstas lo atrajeron a la idolatría (Deuteronomio 7:3-8; Éxodo 34:15-17, 1 Reyes 11:1-6). David también habló de la separación de los pecadores cuando dijo: "No me siento con hombres engañosos, ni me junto con hipócritas". (Salmo 26:4).

*"¹Y Jehová habló a Moisés en los llanos de Moab, junto al Jordán, cerca de Jericó, diciendo:² Manda a los hijos de Israel que den a los levitas, de la heredad de su posesión, ciudades en que habiten; y daréis también a los levitas ejidos para las ciudades alrededor de ellas. ³Y tendrán las ciudades para habitar; y los ejidos de ellas serán para sus ganados, y para sus bienes, y para todas sus bestias." — **Números 35:1-4**

Dios separó físicamente a la tribu de Leví del resto de los israelitas cuando los eligió para ministrar ante Él. Dio a los levitas sus ciudades separadas del resto de las tribus anfitrionas. Así, los sacerdotes moraban juntos, y los levitas vivían juntos en ciudades que les habían sido dadas por el resto de las tribus de Israel. Cuando Israel profanó el Templo con ídolos, la presencia de Dios abandonó el templo, y sus enemigos destruyeron el templo. Una demostración evidente de que Dios no admite impurezas en su presencia. Del mismo modo, Dios rechazó los sacrificios de los sacerdotes que se contaminaron con mujeres gentiles.

Obediencia

Dios requiere que Sus siervos fieles obedezcan Su Palabra a Su manera y en Su tiempo. Él recompensa la obediencia con bendiciones que traen descanso a nuestras almas. Él ha elevado Su palabra por encima de Su nombre y exige obediencia total a Su palabra. Por ejemplo, Abraham creyó y obedeció a Dios, y por esto, Dios lo bendijo, y fue llamado amigo de Dios (Génesis 18). Su cualidad sobresaliente fue su fe y obediencia a Dios. Cuando Dios le pidió que abandonara la casa de su padre para dirigirse a un destino desconocido, obedeció la orden de Dios sin vacilar. Además, obedeció a

Dios para sacrificar a su hijo, pero Dios proveyó un carnero en lugar de su hijo cuando estaba a punto de sacrificarlo. Creyó que Dios proveería.

Moisés fue un ejemplo de alguien que obedeció las leyes de Dios frente a grandes desafíos, ya que tenía una gran fe en Dios. Tuvo la audacia y la voluntad de arriesgar su propia vida por Israel. Moisés condujo obedientemente a los israelitas fuera de Egipto a través del Mar Rojo. Dios ordenó a los sacerdotes levitas que obedecieran todas las leyes que Moisés les daba.

Además, Samuel fue obediente al seguir las instrucciones de Elí, incluso cuando Dios le llamó en su juventud. Animó a Israel a seguir al Señor y responsabilizó a la gente por su desobediencia. Samuel era fiel a Dios y honesto cuando impartía la ley divina. Además, todo lo que Dios le decía, lo transmitía al pueblo (1 Samuel 9:27). Daniel era humilde y obediente. Estaba decidido a obedecer los mandamientos de Dios, incluso en el hostil ambiente pagano del cautiverio babilónico (Daniel 2). Decidió no contaminarse con la comida del rey gentil. Así, Dios lo honró elevándolo a posiciones de liderazgo y dándole una larga vida con el don de interpretar sueños y visiones. Se convirtió en un vaso e intercedió por la restauración de Israel (Daniel 9)

Devoción total

Los intercesores deben renunciar a las comodidades personales por la misión de Dios. La dedicación total es la única manera de servir fielmente a Dios. Abraham dejó a su familia en Mesopotamia para ir a Canaán. Se preparó obedientemente para sacrificar a su hijo Isaac cuando Dios se lo pidió. Después de que Isaac fuera atado a un altar, Dios vio su buena voluntad y le proporcionó un cordero para el sacrificio en lugar de Isaac. Un mensajero de Dios detuvo a Abrahán antes del sacrificio, diciendo: "Ahora sé que temes a Dios" (Génesis 22:1-19). Abraham levantó la vista, vio un carnero y lo sacrificó.

Moisés tuvo que llevar la carga de Israel durante su viaje de cuarenta años desde Egipto hasta Canaán. Incluso amenazaron con apedrearlo, pero él se dedicó a la misión de Dios.

Dios consagró a los sacerdotes levitas y a los levitas para que se dedicaran por completo a Su servicio. Ellos no hacían ningún trabajo aparte de sus deberes sacerdotales, y Dios proveía para sus necesidades dándoles porciones de las ofrendas y sacrificios.

Sin embargo, algunos sacerdotes, como los hijos de Elí, abusaron de estos privilegios, negaron la justicia y defraudaron al pueblo. Los falsos profetas daban falsas visiones contrarias a la palabra de Dios. Por ejemplo, aseguraban al pueblo la esperanza, en contra de la advertencia de Jeremías de que los babilonios capturarían Jerusalén.

Esto sucedió después de que algunos sacerdotes profanaran los vasos del Templo y despreciaran el sábado, no hicieran distinción aparente entre lo sagrado y lo profano en el templo, y adoraran ídolos. También maltrataban a sus esposas, a las viudas, a los huérfanos y oprimían a los extranjeros.

Cualificación de los intercesores en el Nuevo Testamento
Jesús, el último intercesor

Los intercesores del Antiguo Testamento tenían imperfecciones. Por eso, en el momento oportuno, Dios envió a su Hijo único, Jesús, como sumo sacerdote perfecto para judíos y gentiles. Jesús era santo, intachable y apartado de los pecadores (Hebreos 7:26-28).

En primer lugar, Dios ungió a Jesús como Mesías con un mandato eterno (Hebreos 7:1-21). Segundo, Su sacerdocio se basó en la promesa divina de redención a todos los hombres a través de Abraham. En tercer lugar, se ofreció una sola vez ante el Señor como cordero de sacrificio por nosotros (Mateo 27:46). Por lo tanto, no necesita expiar nuestros pecados diariamente como hacían los sacerdotes levitas por Israel. Además, puede salvar eternamente a los que se acercan a Dios a través de Él. Jesús ahora se sienta a la diestra del Padre como el gran Sumo Sacerdote, intercediendo por la humanidad. Como nuestro modelo a seguir, Jesús exhibió las siguientes cualidades como el máximo intercesor.

- Relación con Dios.
- La santidad.
- Intachable.
- Separación del mundo.
- Obediencia.
- Devoción completa.

Relación con el Padre.

La Trinidad comprende tres personas: el Padre, el Hijo y el Espíritu Santo. Jesús tenía una relación única con su Padre celestial. Fue obediente y estuvo unido a Dios cuando hizo cosas para complacer a Su Padre mientras estuvo en la tierra. Era uno con el Padre en todo lo que hacía (Juan 10:30). Jesús es la *imagen* y el resplandor de la gloriosa naturaleza de Dios. Dios, sosteniendo todas las cosas con Su poderosa palabra. Mostró los elementos del carácter de Dios, como el amor, la santidad, la omnipotencia, la justicia, la gracia y la misericordia. Tenía una relación perfecta con Dios porque son Uno. Además, Jesús es el único mediador entre Dios y el hombre porque sólo Él podía acudir a Dios por derecho propio para suplicar por nosotros. Jesús solía retirarse de la gente para estar en comunión con. Dios, cuya presencia estaba siempre con Él.

*"Acercaos a Dios y Él se acercará a vosotros." — **Santiago 4:7***

Jesús *dependía* de su Padre. No hizo nada por su cuenta, aunque era igual al Padre. Todo lo que hizo fue conforme a la palabra de Dios. Jesús se sometió a su Padre como un hijo y obedeció todas sus leyes, caminando en humildad ante su Padre. Además, creía en el amor de Su Padre y vivía para Su voluntad. Su íntima relación con Dios fue la fuente de Su amor, compasión, gracia, sabiduría, unción y poder necesarios para Su ministerio terrenal (Juan 20:17, Mateo 27:46). Jesús no hizo nada por sí mismo, sino que sólo hizo lo que vio hacer a Su Padre. "Porque el Padre ama al Hijo y mostró al Hijo lo que hacía" (Juan 5:20).

Jesús también mostró Sus obras a los discípulos en la Tierra. Trabajó con Dios para dar vida. No buscó su voluntad, sino la voluntad del que le envió, y Dios le validó. Además, Dios le honró, le dio un nombre sobre todo nombre y encomendó todo a sus manos. Como resultado, se sienta a la diestra del Padre en lo Alto como intercesor por la humanidad (Heb. 1:3,13). Sus discípulos dependían de Él para las palabras de vida eterna. Le amaban y tenían fe en Él. Jesús les reveló al Padre, lo que se reflejó en su ministerio tras Su partida. Gracias a que Jesús presentó a Dios como el Padre, los discípulos experimentaron una nueva relación con Dios.

La intercesión eficaz tiene sus raíces en una relación con Dios a través de Jesús. Debemos recibir a Jesús como nuestro Salvador y someternos a su señorío obedeciendo sus leyes. Desde nuestra posición como Sus hijos en Cristo, hablamos con Él, meditamos en Su Palabra y participamos en Su obra en la tierra. Así pues, todo intercesor debe tener una relación personal y nutrida con Dios a través de Jesús. Jesús es el único camino hacia Dios. El valor más alto del Reino de Dios es la relación.

> *"¹⁸A Dios nadie lo ha visto jamás; el Hijo unigénito, que está en el seno del Padre, él lo ha declarado.¹⁹Y esto es lo que cuenta Juan, cuando los judíos enviaron sacerdotes y levitas desde Jerusalén para preguntarle: ¿Quién eres tú?"* — **Juan 1:18**

Por lo tanto, debemos obedecer el más grande y primer mandamiento: amar a Dios con todo nuestro corazón, alma y mente rindiéndonos a Él. Debemos tener comunión diaria leyendo y obedeciendo la Palabra, alabándole y adorándole. Nuestra prioridad en la oración debe ser siempre la comunión con el Padre. Nuestra relación con Dios debe reflejarse en nuestra relación con la gente. Debe haber buena vecindad y una relación armoniosa, bondad, y misericordia. Además, el amor, el honor y el respeto a nuestros padres y hermanos mejoran nuestra relación con Dios. El pecado nos separa de Dios, pero el arrepentimiento restaura nuestra relación con Él. Jesús, nuestro mediador, restauró la comunión que Adán y Eva perdieron en el Jardín del Edén. Por lo tanto, Dios nos acepta con las manos abiertas como hijos suyos cuando aceptamos a Jesús como nuestro Señor.

Santidad

Jesús es el santo Hijo de Dios. El Espíritu Santo concibió a Jesús para que se convirtiera en el Hijo unigénito de Dios, sagrado para el Señor por amor a nosotros.

> *"¿Qué quieres de nosotros, Jesús de Nazaret? ¿Has venido a destruirnos? Yo sé quién eres, el Santo de Dios."* — **Marcos 1:24**

Santidad significa separación de lo profano: el mundo del pecado, las tinieblas y el mal. Dios es santo y perfecto en todos Sus caminos y tiene una intolerancia perpetua hacia el pecado. El esfuerzo humano por conocerle es infructuoso debido a Su eminencia, pero Él se revela al hombre a través de Jesús. Él es el Padre Santo. Su nombre, sus leyes y sus pactos son santos. Por lo tanto, Sus ángeles, profetas y elegidos deben ser santos.

> *"¿Cuánto más la sangre de Cristo, el cual mediante el Espíritu eterno se ofreció a sí mismo sin mancha a Dios, limpiará vuestras conciencias de obras muertas para que sirváis al Dios vivo?"* — **Hebreos 9:14**

> *"Entonces Jesús volvió a hablarles, diciendo: Yo soy la luz del mundo; el que me sigue no andará en tinieblas, sino que tendrá la luz de la vida."* — **Juan 8:12**

La santidad de Cristo se manifestó en Su amor por la justicia y odio a la iniquidad y el mal. Era perfecto y sin mancha, por eso amaba al justo y reprendía la iniquidad del hombre, incluidos los sacerdotes y los fariseos.

> *"Amaste la justicia y aborreciste la iniquidad; por eso Dios, el Dios tuyo, te ungió con óleo de alegría más que a tus semejantes."* — **Hebreos 1:9**

Cristo mostró santidad de obra y de palabra; nunca pecó ni dijo una mentira, aunque los judíos le tentaron y acosaron muchas veces. Por el contrario, hizo todo según la voluntad del Padre (Juan 12:49). Su naturaleza santa se manifestó en una constante victoria sobre la tentación.

Aunque Satanás le tentó para que se desviara del plan de Dios abusando de su autoridad, permaneció devoto a Dios. Utilizó las Escrituras para resistir todas esas tentaciones (Hebreos 4:15; Mateo 4:1-11). Del mismo modo, exigió la perfección absoluta en Sus discípulos sin transigir (Mateo 5:48). Reprendió con dureza el pecado, aunque mostró compasión por los pecadores. Salvó a la gente de sus pecados y les aconsejó que fueran justos para escapar de la condenación eterna (1 Pedro 2:24; Mateo 25:31-32). Incluso los espíritus inmundos discernieron a Jesús como el "Santo de Dios" (Marcos 1:24).

Se santificó a sí mismo y a los apóstoles con la verdad (Juan 17:19). Resucitó de entre los muertos porque la tumba no podía retenerle (Salmo 16:30). Jesús es santo, pero se compadece de nuestras luchas. Por lo tanto, los intercesores, como nuevas creaciones en Cristo nacidas del agua y del Espíritu Santo, deben ser santos para adorar a Dios en espíritu y en verdad. Perseguimos la santidad con todo nuestro corazón ya que, sin santidad, nadie puede ver a Dios. Dios espera que seamos santos porque Él no mezcla lo puro con lo profano. Su Palabra dice que la santidad lo glorifica porque Él es Santo.

La santidad es el núcleo de la naturaleza divina de Dios. Dios es Santo, y no tiene pecado en Su naturaleza. Él es impecable y no puede pasar por alto nuestro pecado en ninguna de sus formas, como la ira, la amargura, la contienda, la fornicación, el adulterio, la idolatría, el orgullo, la falta de perdón y más (Gálatas 5:18-21). Él juzga el pecado porque la justicia proviene de Su santidad. Sin embargo, Él da gracia cuando nos arrepentimos.

En consecuencia, debemos odiar lo que es malo y confesar nuestro pecado petrificante para ser perdonados. Él exige una relación pura a través de Jesús. Su santidad exige que abandonemos nuestras inclinaciones pecaminosas para apropiarnos de Su bondad, ya que las cosas que le pertenecen son sagradas (Romanos 12:1-2).

Debemos obedecer las Escrituras y morar en Su presencia bajo el Señorío de Jesús Santo, para que nuestras acciones y actitud agraden a Dios (1 Corintios 7:1). [Escriba aquí su número de teléfono del trabajo]

Debemos abandonar y confesar los pecados e iniquidades generacionales para que Él pueda escuchar nuestras oraciones. Jesús ofrece redención divina y transformación diaria para los injustos, impíos e inmundos, pero no espera que volvamos a las lujurias mundanas. La Biblia nos ruega que demos gracias a Dios y le imploremos que nos libre del mal (1 Tesalonicenses. 2:10-13).

> *"¹⁴Como hijos obedientes, no os conforméis a los deseos que antes teníais en vuestra ignorancia:¹⁵Sino como aquel que os llamó es santo, sed también vosotros santos en toda vuestra manera de vivir; ¹⁶porque escrito está: Sed santos, porque yo soy santo."* — ***1 Pedro 1:14-16***

Todas las formas de maldad e impureza, como un espíritu amargo e implacable, obstaculizan las oraciones y la comunión con Dios. Jesús dijo: "Pero si no perdonáis a los hombres sus ofensas, tampoco vuestro Padre os perdonará vuestras ofensas" (Mateo 6:15). Si somos amargados o no perdonamos, Él no escuchará nuestras oraciones.

Por lo tanto, debemos permitir que Dios maneje nuestro dolor, ya que Él es nuestro vindicador y juez. Jesús perdonó y oró por aquellos que lo crucificaron.

Intachable

La naturaleza de Jesús es eternamente sin pecado, ya que vivió perfectamente con Dios antes de venir a la tierra. Su vida terrenal fue perfecta, sin pecado (Mat 4:1-10). Ascendió a Dios y vive en perfección. Jesús es puro de corazón, intachable y libre de pecado y culpa. Su victoria sobre el pecado y la tentación demostró que era divino. Tenía un espíritu firme, centrado firmemente en la voluntad de Dios y en su amor por el hombre.

Además, Jesús no tenía volatilidad ni duda; en cambio, tenía armonía, paz y estabilidad. El Hijo de Dios siempre estaba dispuesto a hacer la voluntad de Su Padre celestial (Juan 14:30). Todo lo que Jesús hizo y dijo fue en obediencia a Dios. Tenía motivos puros con un corazón unido a Dios. Cumplió la voluntad de Dios para Su gloria. Un alma genuina odia el mal y sirve a Dios de todo corazón, incluso en medio de las pruebas.

> *"Porque no tenemos un sumo sacerdote que no pueda compadecerse de nuestras debilidades, sino uno que en todo fue tentado como nosotros, pero sin pecado." — **Hebreos 7:26***

Los acusadores de Jesús trataron en vano de encontrar algún mal contra Él. Los sumos sacerdotes y los fariseos trajeron testigos falsos para testificar contra Él, pero sus testimonios eran inconsistentes ya que Él era inocente. No robó ni defraudó a nadie.

Tampoco buscó la gloria y la alabanza de los hombres. No replicó cuando le insultaron, golpearon y condenaron sin motivo. Jesús tenía autoridad sobre el enemigo porque no había engaño en Él (Juan 14:30). Él es el mediador entre el hombre imperfecto y el Dios santo porque pagó por nuestros pecados con Su sangre inmaculada. Por lo tanto, Jesús es el salvador, el camino, la verdad y la vida; sin Él, nadie puede ver a Dios (Juan 14:6). Como Jesús, los intercesores deben ser irreprochables ante Dios y ante los hombres. Debemos servir con un corazón puro. Los intercesores consiguen un corazón puro mediante la consagración y la obediencia a la Palabra. Nuestras palabras y obras deben estar en consonancia con la Palabra de Dios. Cualquier pecado es un asunto del corazón, que requiere limpieza. Un corazón puro es esencial para una intercesión eficaz.

> *"Bienaventurados los limpios de corazón, porque ellos verán a Dios." — **Mateo 5:8***

Sólo Dios puede limpiar nuestros corazones cuando nos sometemos a Él. Debemos confesar nuestros pecados y obedecer Su Palabra. La Biblia dice que aquellos con manos limpias, corazones puros y sin vanidad pueden buscar el rostro de Dios. Perseguir la justicia conduce a un corazón puro. Por lo tanto, debemos examinar consistentemente nuestro caminar con Dios para ser irreprensibles delante de Él y del hombre. Los intercesores deben orar para que sus almas tengan hambre y sed de justicia.

> *"El hombre bueno saca cosas buenas del buen tesoro de su corazón, y el hombre malo saca cosas malas del mal tesoro de su corazón. Porque del desbordamiento del corazón habla la boca".* -
> **Lucas 6:45**

Por lo tanto, debemos evitar los pecados del corazón, como la ira, la codicia, la amargura, la rabia, los celos y el odio. Estos se manifiestan en nuestras decisiones, acciones y expresiones cuando nos volvemos legalistas y santurrones, con una forma rutinaria del deber desprovista de pasión por el servicio de Cristo.

Así, nuestras oraciones para afectar vidas se convierten en palabras sin poder, y perdemos el enfoque de nuestro propósito divino y prestamos atención a cosas sin valor eterno. Sólo Jesús puede sacarlo todo y crear un corazón limpio y un espíritu renovado para que oremos desde un corazón genuino mientras nos rendimos a Él.

Separado de los pecadores

Jesús estaba separado de los pecadores en el corazón. Era moralmente perfecto, lleno de pensamientos puros y rápido para discernir lo correcto. Sin embargo, era manso y humilde de corazón. Siempre se sometió a la voluntad de Dios. Jesús no negó su divinidad, sin embargo, cenó y predicó a los pecadores para salvar a los perdidos.

> *"Porque tal sumo sacerdote nos fue hecho, el cual es santo, inocente, sin mancha, apartado de los pecadores, y hecho más sublime que los cielos."* — **Hebreos 7:26-28**

Como intercesor, no vino a llamar a los justos, sino a los pecadores a

81

arrepentirse. Los santurrones no podían recibir su Evangelio. Él se acercó para salvar a pecadores como Zaqueo y la mujer samaritana. Jesús libró a la mujer adúltera de la muerte y a los endemoniados, como María Magdalena, que se convirtió en una seguidora comprometida. Dios quiere que los creyentes y los intercesores estén separados del sistema mundano, separados del pecado y consagrados a Dios para un propósito sagrado. Jesús nunca condonó sus pecados.

> *"Por tanto, salid de en medio de ellos, y apartaos, dice el Señor, y no toquéis cosa inmunda; y yo os recibiré."* — **2 Corintios 6:17**

Dios quiere que prediquemos y oremos por los no creyentes, pero no quiere que Sus hijos se asocien con su impiedad. Somos el templo de Dios y no debemos tener nada que ver con las tinieblas.

> *"No os unáis en yugo desigual con los incrédulos; porque ¿qué compañerismo tienen la justicia y la iniquidad, o qué comunión la luz con las tinieblas? ¿Y qué concordia tiene con Belial? ¿O qué parte tiene el creyente con el incrédulo? ¿Y qué acuerdo tiene el templo de Dios con los ídolos? Porque somos templo del Dios viviente, como Dios dijo: Habitaré en ellos, y andaré en ellos; y seré su Dios, y ellos serán mi pueblo. Por tanto, salid de en medio de ellos, y apartaos, dice el Señor, y no toquéis cosa inmunda; y yo os recibiré, y seré a vosotros por Padre, y vosotros me seréis hijos e hijas, dice el Señor Todopoderoso."* — **2 Corintios 6:14**

Pablo dijo a los corintios que tuvieran cuidado con los "supuestos" creyentes que dicen ser cristianos, pero viven en contra de lo que dice la Biblia.

"11Pero ahora os he escrito que no os juntéis, si alguno que se llama hermano fuere fornicario, o avaro, o idólatra, o maldiciente, o borracho, o ladrón; con tal no comáis. 12Porque ¿qué tengo yo que hacer para juzgar también a los que están fuera? ¿No juzgáis vosotros a los que están dentro? 13Pero a los que están fuera, Dios los juzga. Por tanto, quitad de entre vosotros a ese malvado." — 1 **Corintios 5:11-13**

El mandamiento simplemente significa separarse del pecado. El pecado y la santidad son las razones por las que Jesús murió, y Él espera que todos los creyentes obedezcan y sigan Sus enseñanzas abandonando el pecado y viviendo una vida santa.

Obediencia

La obediencia es la forma más segura de adorar y glorificar a Dios. Es la única manera de mostrar amor, respeto y crecimiento en nuestra relación con Él. Dios creó al hombre para que cuidara de todas las creaciones y gobernara la Tierra. Nuestra obediencia muestra gratitud por las bendiciones que se nos han dado. Jesús fue obediente a la voluntad de Dios y a Sus leyes sin fallar, incluyendo una muerte vergonzosa por la salvación de la humanidad.

Se sometió a Su Padre y estuvo libre de pecado y compromiso. Dios recompensa la obediencia. Debido a que Jesús estaba en total sumisión a Él, Dios lo exaltó y le dio todo (Filipenses 2:9-11). Por lo tanto, la autoridad del nombre de Jesús hace que toda rodilla, situación y circunstancia se someta y se incline en reverencia en los reinos celestial, terrenal y demoníaco. Jesús es nuestro ejemplo de sometimiento a la voluntad de Dios para obtener abundantes bendiciones, paz, alegría, amor y paciencia. Además, las oraciones fructíferas dependen de la obediencia a la Palabra de Dios y a Su autoridad espiritual sobre aquellos que obedecen Sus mandatos. La sumisión total a Dios y a Su autoridad espiritual es la clave para una intercesión eficaz. Los intercesores poderosos se rinden a la voluntad y al propósito de Dios a través de Jesús.

Por lo tanto, la oración y la obediencia trabajan juntas. Porque Su Palabra dice que si permanecemos en Él y Sus palabras permanecen en nosotros, Él concederá nuestros deseos. Los intercesores tienen poder y autoridad cuando se someten a Dios a través de Jesús. A menos que permanezcamos en Él y obedezcamos Sus leyes, no podemos hacer nada ni dar fruto. Cuando nos rebelamos, caemos en manos del enemigo con nefastas consecuencias (Lucas 6:29-37). Además, Dios bendice nuestra rectitud y obediencia como intercesores respondiendo a nuestras oraciones. Así pues, debemos rendirnos en plena obediencia a la palabra de Dios.

Devoción total

Dios nos ordena que nos dediquemos a servirle de todo corazón. Mostramos nuestra devoción a Dios a través de un afecto celoso - rindiéndole abiertamente nuestros corazones en reverencia, servicio, fe y santidad. Dios desea que Su pueblo le sirva sólo a Él. Por lo tanto, Él aborrece la idolatría. Jesús dejó Su gloriosa morada en el cielo para convertirse en un humilde sacrificio para que pudiéramos compartir Su gloria y disfrutar de la vida eterna con Su Padre. Hizo todo esto por devoción total a Dios y para cumplir la misión de Dios (Juan 4:34).

"¹⁴para que ya no seamos niños fluctuantes, llevados por doquiera de todo viento de doctrina, por estratagema de hombres que para engañar emplean con astucia las artimañas del error; ¹⁵sino que, hablando la verdad en amor, crezcamos en todo en aquel que es la cabeza, esto es, Cristo:" — **Efesios 4:14-15**

Del mismo modo, los apóstoles predicaron con devoción el Evangelio, aunque se enfrentaron a las amenazas de los fariseos. Los judíos mataron y encarcelaron a algunos de los primeros cristianos, pero ellos compartieron sus experiencias mientras evangelizaban, advirtiendo a la gente que se arrepintiera. Del mismo modo, la vida cristiana es un compromiso con Dios a través de Jesucristo. Nos acercamos más a Él a medida que nuestra relación se profundiza mediante el servicio dedicado y la oración (1 Tesalonicenses 5:17). Debemos mostrar a Cristo en todos los aspectos de nuestra vida y ser conscientes de su presencia. El Espíritu Santo es nuestro consejero confiable y nos guía a la verdad. Él nos guiara a servir a Dios en espíritu y verdad mientras nos dedicamos a Su servicio. La doctrina denominacional y la doctrina del hombre nos llevaran a la idolatría. Por ejemplo, Saulo siguió la doctrina equivocada para perseguir a la iglesia, pensando que estaba sirviendo a Dios. Por lo tanto, los intercesores deben dedicarse a leer y enseñar la palabra de Dios.

Otros rasgos de Jesús Amor

Jesucristo amaba al Padre como el Padre le amaba a Él (Juan 3:35; 10:17; 14:31). El amor compasivo tiene en cuenta el bienestar de los demás. Pretende aliviar afectuosamente el sufrimiento y fomentar el bienestar ajeno. El amor divino o ágape es el amor puro que sólo Dios puede dar.

Expresa la profunda compasión de Dios por todos, incluidos los indignos. Los destinatarios de este amor también aman a Dios y ayudan a los demás a buscarle. El amor de Jesús por el Padre se manifestó en Su total obediencia a Sus mandamientos (Juan 14:21), incluso renunciando a la gloria del cielo por la vergüenza de la tierra. Jesús amó al Padre y se sometió a Su voluntad incluso cuando murió en la cruz. Su muerte fue voluntaria en el sentido más elevado. Fue una misión que Jesús cumplió sacrificadamente por el Padre y por su amor a la humanidad. Incluso de joven, hacer la voluntad del Padre y completar Su obra era el objetivo de Jesucristo (Lucas 2:49). Él buscó la voluntad del Padre, aceptando el testimonio y la gloria sólo del Padre, no de los hombres.

Además, Jesucristo amaba a los creyentes. Amaba a todos los que creían en Él y guardaban Sus mandamientos. Jesús también amaba a los pecadores, a sus enemigos, a los niños y a los humildes. Perdonaba cuando la gente se arrepentía y creía en Él. Buscaba a las ovejas perdidas y cuidaba de ellas, sanando dolencias y enfermedades (Marcos 1:41). El amor perfecto de Dios es un fruto que resulta de la obediencia a Su palabra. Jesús es un sumo sacerdote que empatiza con nuestras debilidades porque fue tentado, como nosotros, pero sin pecado. Además, comprende nuestras debilidades y se compadece de nuestra lucha contra la carne. Se entregó a la humanidad por amor a Dios (Juan 3:16). Jesús obró por amor al Padre y a los hombres. No hizo nada sin amor, afirmando que no valía la pena hacer nada sin él. Enseñó a la gente amar a sus enemigos, diciendo: "Pero yo os digo a vosotros los que oís: Amad a vuestros enemigos, haced bien a los que os aborrecen, bendecid a los que os maldicen y orad por los que os ultrajan". (Lucas 6:27-

28). También perdonó a sus perseguidores, incluidos los crucifica dores. Creer en el amor de Dios por nosotros y por los demás nos ayuda a rezar por quienes no le conocen. Podemos tener opiniones diferentes sobre los demás, pero el corazón de Dios siempre es redentor (1 Pedro 4:8). Jesús recorría misericordioso todas las ciudades y aldeas, predicando la Buena Nueva del Reino en las sinagogas, sanando toda enfermedad y liberando a los cautivos. Cuando vio a las multitudes que le seguían, tuvo compasión de ellas porque estaban desamparadas como ovejas sin pastor (Mateo 9:35-38). Nos amó a todos. Jesús nos enseñó el amor de Dios en la parábola del "hijo pródigo". El hijo de un hombre rico obtuvo su herencia y se alejó de su padre a un país lejano, donde llevó una vida desenfrenada que le llevó a la pobreza y a la privación.

Al cabo de un tiempo y pasando penurias, resolvió volver a casa de su padre. Cuando el Padre lo vio, se compadeció de él y lo acogió en su casa (Lucas 15:11). Dios sigue anhelando nuestro regreso después de que cometemos errores. Cristo entregó su vida para salvar a los pecadores. Del mismo modo, los intercesores eficaces deben amar a las personas por las que oran. El amor del Padre motiva a los intercesores a orar por aquellos que no lo conocen. Si nos paramos en la brecha con ira, venganza y control impío, entonces Dios no responderá. Él sólo responde al amor y a la obediencia a las Escrituras. Jesús nos ordenó orar por nuestros enemigos y no para que el mal venga sobre ellos. Orar siempre con amor, y no alegrarnos de que algo terrible le haya sucedido o le pueda suceder a una persona que queremos juzgar (1 Corintios 13). Así pues, los intercesores no deben juzgar ni condenar a aquellos por quienes oran.

Vida de sacrificio

Dios exige que renunciemos a nuestros deseos por amor a Él y a los demás.

Las personas más alegres se sacrifican por los demás de todo corazón. Este tipo de sacrificio debe estar en el corazón de los intercesores cuando oran por los demás.

> *[33] Así también, cualquiera de vosotros que no renuncia a todo lo que posee, no puede ser mi discípulo."* — **Lucas 14:33**

Jesús nos dio un ejemplo de sacrificio que debemos emular. Dejó su gloria celestial y se adentró en el reino terrenal cargado de pecado para salvar al hombre. Sacrificó su vida y todo para restaurar la relación rota entre Dios y el hombre. Tenemos acceso al Padre porque Jesús pagó el precio de nuestros pecados con Su sangre sin pecado. Además, Jesús enseñó la intercesión sacrificial cuando dijo: "Como el Hijo del Hombre no vino para ser servido, sino para servir y dar su vida en rescate por muchos" (Mateo 20:28). Como hizo Jesús, debemos vivir una vida de sacrificio, ya que Dios recompensa el sacrificio. Los intercesores ofrecen su vida orando para que los demás obtengan consuelo y alegría. Del mismo modo, los Apóstoles renunciaron a sus actividades para predicar el Evangelio. Así pues, debemos someternos y orar por el bien de los demás, como demostró Jesucristo. El principal mandato de los intercesores en el Reino de Dios es amar y ayudar a los demás y orar por ellos.

> *"Así que, hermanos, os ruego por las misericordias de Dios, que presentéis vuestros cuerpos en sacrificio vivo, santo, agradable a Dios, que es vuestro culto racional."* — **Romanos 12:1**

Honestidad

Las Escrituras exigen que la vida cristiana esté marcada por la integridad y la honestidad, pero el pecado lleva al engaño. La honestidad es ser sincero. Es estar libre de engaño o falsedad. La honestidad es la base de la confianza en una relación. Sin embargo, no significa que debas decir todo lo que sabes, incluso cuando eso pueda perjudicar a alguien.

Las personas honestas son sinceras en su trato con los demás. Son fieles a sus palabras y a sus actos. La persona que dice la verdad está libre del mal. Así, la honradez nos hace libres de quienes nos acusan. Por lo tanto, no debemos exagerar, defraudar, chismorrear ni difamar a los demás. Por el contrario, debemos predicar la verdad y practicarla. Nuestras palabras deben ser sinceramente transparentes, admitiendo los errores y mostrando empatía por los demás.

- La honestidad agrada a Dios. Por lo tanto, debemos caminar en la veracidad y la fidelidad como hijos de la luz. La Biblia dice: "Los labios mentirosos son detestables al Señor, pero las personas fieles son su deleite" (Proverbios 12:22). Por tanto, hay que decir la verdad con el corazón abierto, incluso en circunstancias difíciles. Debemos cumplir las promesas que hacemos a Dios y a los demás.

La honestidad fue una cualidad sobresaliente de la vida de Cristo. Él fue honesto en todos Sus tratos con el hombre. Jesús nunca mintió ni defraudó a nadie. Reprendió a los líderes judíos por engañar y defraudar al pueblo. Por ejemplo, reprendió a los fariseos codiciosos por engañar a las viudas y a los que vendían en la casa de Dios. Jesús nos enseñó honestidad y buen corazón para guardar las leyes de Dios. Zaqueo era un rico recaudador de impuestos que era deshonesto al quedarse con parte del dinero de los impuestos. Cuando conoció a Jesús, se comprometió a dar la mitad de sus posesiones a los pobres y a pagar a los que había engañado. El deshonesto Zaqueo se volvió honesto cuando tuvo un encuentro con Jesús.

Por el contrario, Ananías y Safira mintieron al apóstol Pedro cuando se quedaron con una parte del dinero de las tierras que vendieron, pero dijeron a todo el mundo que habían entregado la suma total. Pedro entonces confrontó el engaño de Ananías, y fueron castigados mortalmente. Dios odia y juzga la deshonestidad. Él valora la honestidad en palabras y acciones, no el engaño ya que Él no puede mentir (Tito 1:2). Como creyentes en Cristo, debemos ser honestos dondequiera que nos encontremos, en casa, en el trabajo, en la escuela y en todas las relaciones. No podemos librarnos de la deshonestidad porque Él la juzga.

*"Pero vuestra comunicación sea: Sí, sí; no, no; porque todo lo que es más que esto, viene del mal." — **Mateo 5:37***

La verdad es la naturaleza misma de Dios. Jesucristo es el camino, la verdad y la vida. Con Jesús como ejemplo, los creyentes estamos llamados a valorar la veracidad y la honestidad. Dios hizo de la honestidad un mandamiento porque Él no puede mentir. Él establece la norma para Su pueblo.

*"Por lo demás, hermanos, todo lo que es verdadero, todo lo honesto, todo lo justo, todo lo puro, todo lo amable, todo lo que es de buen nombre; si hay virtud alguna, si algo digno de alabanza, en esto pensad." — **Filipenses 4:8-9***

Debemos elegir no robar, engañar o estafar, sino construir un carácter honesto para servir a Dios y a los hombres. Debemos emular la veracidad de Jesús ya que Dios confiará en nosotros y responderá a nuestras oraciones.

Humildad

Jesús es humilde y manso. Es nuestro modelo de humildad. Aunque es uno con el Padre y comparte con Él la gloria eterna, Jesús se rindió a la voluntad de Dios. Además, nunca buscó la alabanza de los hombres por todas las maravillosas obras que Dios hizo a través de Él. Jesús es hijo del Dios todopoderoso, pero no se jactó de su divinidad.

> *"⁶El cual, siendo en forma de Dios, no estimó el ser igual a Dios como cosa a que aferrarse. ⁷Sino que se despojó a sí mismo, tomando forma de siervo y se hizo semejante a los hombres:⁸Y estando en la condición de hombre, se humilló a sí mismo, haciéndose obediente hasta la muerte, y muerte de cruz." -*
> ***Filipenses 2:6-8***

El Señor Jesús nació en un humilde pesebre de sus padres terrenales, una virgen y un carpintero. De niño, creció en la despreciada ciudad de Nazaret. Se sometió humildemente a sus padres terrenales durante toda su juventud. Juan bautizó al Hijo de Dios sin pecado en el Jordán. Cristo mostró humildad durante Su ministerio terrenal al asociarse con los humildes, incluyendo samaritanos, pecadores, gentiles, pobres, recaudadores de impuestos y oprimidos. Jesús también demostró un liderazgo de servicio. Lavó humildemente los pies de los Apóstoles, una tarea que suelen realizar los siervos. Llevó al hombre el reino de Dios y su dominio, que incluía la justicia, la paz y la alegría. Para salvar a los perdidos, predicó el Evangelio y liberó a los oprimidos de un estilo de vida pecaminoso y destructivo. También curó a los enfermos y resucitó a los muertos. Por ejemplo, Jesús restauró la vida de la mujer samaritana en el pozo cuando le ofreció la misericordia divina. Los judíos tenían en poca estima a los samaritanos, pero Jesús ignoró la superioridad judía y se acercó a ella, lo que resultó en la salvación de toda una comunidad (Juan 4:39-42).

Nunca exigió alabanzas por sus milagros y enseñanzas, ni siquiera cuando el pueblo quiso hacerle rey. En lugar de eso, Jesús dio todo el honor a Dios. Jesús mostró humildad en todos sus esfuerzos, a pesar de ser Dios por naturaleza. Enfrentado a la agonía de una muerte vergonzosa, Jesús oró y se sometió al Padre, "Diciendo: Padre, si quieres, aparta de mí este cáliz; pero no se haga mi voluntad, sino la tuya" (Lucas 22:42). Así, Él murió la muerte más dolorosa y vergonzosa ideada por hombres inmorales.

Sin embargo, Jesús habló contra los que ansiaban las alabanzas de los hombres (Mateo 6:1-6). Condenó la inclinación del hombre a amasar riquezas, la tradición, el legalismo, la explotación de los pobres por los ricos y el maltrato de los huérfanos y las viudas. También criticó el estilo de liderazgo autoritario de los fariseos y los líderes judíos, a quienes les encantaba ser alabados y servidos por el pueblo.

Nuestro esfuerzo por lograr algo sin Dios será infructuoso, ya que todo el poder y la sabiduría le pertenecen a Él. Cada uno de nosotros tiene un propósito, y dependemos totalmente de Dios al poner nuestra fe en Él. Los intercesores se acercan a Dios con humildad, sinceridad, reverencia y temor. Los que atraen la bendición de Dios son humildes, obedientes y fieles.

Debemos interceder humildemente por los demás, sin autojustificación ni condenación. Humildad significa reconocer que nuestra justicia y nuestras capacidades son dones de Dios. Un corazón humilde también reconoce las debilidades humanas y se alegra sinceramente cuando otros prosperan y triunfan. Pasa por alto las mezquindades y perdona fácilmente a los demás. Por tanto, la humildad te permite soltar el control y pasar a un segundo plano para ayudar a los demás (1 Pedro 5:5).

Compasión

Cristo reflejó impecablemente la compasión de Dios por la humanidad. Jesús se compadeció no sólo de Israel, sino de toda la humanidad por el amor de Dios. Él fue el amor de Dios en acción durante Su ministerio terrenal. Tuvo compasión de los pecadores y de los afligidos. Por lo tanto, debemos mostrar compasión por las personas por las que oramos (Juan 3:16). Cuando Jesús vio a la multitud afligida y dispersa como un rebaño sin pastor, les enseñó la palabra y los sanó (Marcos 6:34). Cuando Jesús caminaba por pueblos y aldeas, no sólo se preocupaba por la miseria espiritual de los hombres, sino que también atendía sus necesidades físicas. Alimentaba a la multitud hambrienta (Marcos 8:2; Mateo 14:14). Sus discípulos también mostraban mucha compasión por los desvalidos. Pedro oró y curó al hombre de la hermosa puerta en el nombre de Jesús. Pablo lloró ante la sola idea de que los cristianos vivieran en pecado, por el engaño de los falsos maestros (Hechos 20:18-38).

> *"Sed amables y compasivos unos con otros, perdonándoos mutuamente, como Dios os perdonó a vosotros en Cristo."* —
> *Efesios 4:32*

Dios quiere que los intercesores sean apasionadamente compasivos, como Jesús, por los heridos y cansados a través de la oración y las obras. Las enfermedades y los retos de la gente deben conmovernos para que recemos por ellos.

Frutos del Espíritu Santo

Antes de Su ascensión, Jesús prometió a Sus discípulos otro ayudante, el Espíritu Santo, para que fuera su consolador, maestro y guía. El Espíritu Santo posee los mismos rasgos piadosos que Jesús (Juan 16:13-15). También convence al mundo de pecado, justicia y juicio. Cristo da poder a los creyentes con el Espíritu Santo. Pablo instó a los creyentes a dar el fruto del espíritu (Gál. 5:22) y evitar las obras carnales. Los intercesores llevan el fruto del espíritu (Juan 14) para una intercesión eficaz.

> *"22Pero el fruto del Espíritu es amor, gozo, paz, paciencia, benignidad, bondad, fe,23mansedumbre, templanza: contra tales cosas no hay ley. 24Y los que son de Cristo han crucificado la carne con los afectos y las concupiscencias."* — **Gálatas 5:22-24**

Amor

El amor es abnegación, anteponer las necesidades de los demás a las nuestras y seguir humildemente el ejemplo servicial de Jesús (Flp 2). Es un rasgo esencial del creyente y una prueba de la presencia del Espíritu Santo en nuestros corazones. Dios mostró su perfecto amor ágape y desinteresado al mundo a través de Jesús, cuando lo envió a morir por nuestros pecados. Por lo tanto, Dios nos ordena amarnos los unos a los otros. El amor es el mayor don de Dios.

"El amor es paciente, el amor es bondadoso. No es celoso, no es pomposo, no es inflado, no es grosero, no busca su propio interés, no es irascible, no se preocupa por las injurias, no se alegra por el mal, sino que se alegra con la verdad. Todo lo soporta, todo lo cree, todo lo espera, todo lo soporta." — **1 Corintios 13:4-7**

No podemos amar idealmente sin la ayuda del Espíritu Santo. Él nos ayuda a despojarnos de nuestra pecaminosidad y egoísmo. El Espíritu Santo nos enseña el amor de Dios a través de Cristo y luego nos ayuda a amar a Dios y a los demás en la obediencia y el servicio. Demostramos nuestro amor a los demás con palabras y acciones abnegadas (1 Juan 4:19-21). La parábola de Jesús sobre el buen samaritano nos enseña a amar a todos, incluidos nuestros enemigos. Por naturaleza, es fácil amar a los amigos y a la familia, pero se necesita la ayuda del Espíritu Santo para amar a quienes nos hacen daño o nos lastiman.

Debemos dejar a un lado nuestras diferencias y ayudar a los que necesitan ayuda. Los samaritanos vieron a un hombre que necesitaba ayuda e ignoraron la hostilidad entre judíos y samaritanos. Debemos ayudar a todos los hombres con nuestro talento y nuestros dones para gloria de Dios (Lucas 10:25-37). El amor de Dios es para toda la humanidad (Juan 3:16).

Alegría absoluta

La alegría no se basa en una circunstancia física momentánea, sino en la fe en el amor indefectible de Dios, sea cual sea la situación. La alegría sigue al amor y se relaciona con la esperanza suprema o la seguridad absoluta de la gloria futura en Jesucristo.

Jesús estaba gozoso y oró para que Sus discípulos tuvieran ese gozo (Juan 17:13). Las personas de la Biblia que obedecían a Dios tenían gozo a pesar de sus circunstancias. El gozo es el beneficio inmediato de la obediencia. Un ejemplo notable es cuando Pablo y Silas fueron golpeados y encarcelados porque liberaron a una niña poseída por el demonio. Ellos no se quejaron. Por el contrario, cantaron y alabaron a Dios en su aflicción, y Dios respondió con una poderosa liberación. Además, difundieron la buena nueva y ayudaron a otros.

> *"Que el Dios de la esperanza os llene de todo gozo y paz al confiar en él, para que reboséis de esperanza por la fuerza del Espíritu Santo." — **Romanos 15:13***

Pablo y Silas tenían la opción de quejarse o regocijarse en el Señor, y alabaron a Dios en sus aflicciones. Pase lo que pase, debemos acudir a Dios y alabarle por todo. Podemos encontrar alegría en situaciones difíciles porque el Espíritu Santo es nuestro consolador. Dios nos llama a alegrarnos siempre y a vivir una vida llena de gozo.

Paz

La paz es armonía en el corazón y con los demás. Sólo podemos tener paz en Cristo cuando nos sometemos a Su voluntad (Filipenses 4:6-7, Isaías 26:3). La presencia de Dios produce paz, propósito y poder en cada momento de nuestras vidas. La paz nos ayuda a mantener una relación de amor con Dios y con los demás y nos otorga la capacidad de cumplir el deseo de Dios en nuestras vidas. Por el contrario, las relaciones rencorosas afectan negativamente a nuestra comunión con Dios. Por eso, debemos estar en paz con todo el mundo.

"11Seguid la paz con todos, y la santidad, sin la cual nadie verá al Señor:" — **Hebreos 12:14**

Jesús estaba en paz con todos los hombres. Del mismo modo, el Espíritu Santo no actúa donde hay confusión, pues Dios ha establecido el orden de mando en toda relación. Jesús nos enseñó a reconciliarnos con nuestras relaciones ofendidas antes de presentar nuestras ofrendas y oraciones al Señor. También nos amonestó a resolver rápidamente las disputas con los adversarios, incluso cuando nos engañan (Mateo 5:23-25; 39-41). Jesús murió y reconcilió al hombre pecador con Dios, aunque la humanidad no merecía este gran sacrificio. Del mismo modo, Jesús ha dado a los creyentes el ministerio de la reconciliación para predicar la buena nueva a los perdidos. Los intercesores deben ser siempre pacificadores. Cuando entregamos cada situación al Señor en oración, Él nos da Su paz más allá de la comprensión humana.

Sufrimiento

La longanimidad es la paciencia duradera ante los desafíos. Es la autocontención o no ceder a la ira ante la provocación. La paciencia sigue a la paz y muestra tolerancia y resistencia ante las circunstancias difíciles.

Jesús esperó pacientemente en medio de las tribulaciones y cumplió su mandato en la cruz. Rechazó los atajos impíos que Satanás le ofreció. Del mismo modo, los intercesores deben ser pacientes con Dios y con los hombres. Debemos esperar el tiempo de Dios para cumplir Su propósito para nosotros. Debemos esperar pacientemente las respuestas a las oraciones sin buscar soluciones humanas e impías, incluso ante los desafíos.

Además, los intercesores deben ser pacientes con las personas por las que interceden, sin condenación. Jesús tuvo paciencia con todos los que acudían a Él en busca de ayuda. Incluso a los fariseos y escribas que intencionalmente lo tentaban con preguntas esperando atraparlo, Jesús les respondía pacientemente. La Palabra de Dios nos dice que esperemos pacientemente en el Señor. La impaciencia, el fastidio, la intolerancia y la preocupación nos impiden agradar a Dios.

> *"Ahora os exhortamos, hermanos, a que amonestéis a los revoltosos, consoléis a los débiles mentales, sostengáis a los débiles, seáis pacientes con todos los hombres."*— *1 Tesalonicenses 5:14*

Como hicieron Pablo y Silas en la cárcel, Dios quiere que seamos pacientes en todas las situaciones para que Él pueda darnos la victoria. La paciencia nos fortalece para perdonar y controlar la ira. Debemos perseverar en la oración a pesar de los obstáculos o retrasos en las respuestas. Por lo tanto, los intercesores debemos evitar las frustraciones, la irritabilidad y la amargura mientras intercedemos por los demás.

Amabilidad

La bondad es actuar por el bien de las personas independientemente de lo que hagan y sin esperar recompensa. Es una preocupación genuina por los demás en palabras y hechos. La bondad implica cuidar y compartir nuestros dones con los demás. Dios muestra a diario su bondad a la humanidad. Aparte de la salvación, Él provee las necesidades de todo ser viviente. Además, el Espíritu Santo nos ayuda a ser portadores de esta cualidad cuando reconocemos que Dios quiere que compartamos nuestras bendiciones con los demás (Mateo 5:43-45; Romanos 11:22; Efesios 2:7; Tito 3:4-6).

> *"Os he enseñado todas las cosas, cómo trabajando así debéis sostener a los débiles, y recordar las palabras del Señor Jesús, cómo dijo: Más bienaventurado es dar que recibir."* — **Hechos 20:35**

> *"Y sed benignos unos con otros, misericordiosos, perdonándoos unos a otros, como Dios también os perdonó a vosotros por Cristo."* — **Efesios 4:32**

Jesús mostraba bondad a todas las personas que acudían a Él. Sentía empatía por sus sufrimientos y proveía para ellos. Jesús nunca condenó a los pecadores. Al contrario, les predicaba el Evangelio, curaba a los enfermos, liberaba a los oprimidos y les proporcionaba comida milagrosamente. Así, mostramos bondad cuando compartimos lo que tenemos con los demás y nos preocupamos por su bienestar.

La amabilidad llega al corazón y conecta de forma única a las personas. Es más probable que la gente reciba nuestro mensaje cuando les mostramos amabilidad. Podemos mostrar bondad a los demás empatizando con sus problemas y atendiendo a sus necesidades, rezando por ellos y siendo considerados con palabras y acciones.

Gentileza

La mansedumbre significa ser tierno en acciones y palabras. Jesús tuvo una disposición gentil a lo largo de Su ministerio terrenal. Nunca trató ni habló con dureza a nadie, incluidos los fariseos y sus acusadores. Cuando le preguntaban sobre sus obras y su autoridad, les respondía con dulzura, aunque percibía sus malas intenciones.

> *"[17]Para que se cumpliese lo dicho por el profeta Isaías, cuando dijo:[18]He aquí mi siervo, a quien he elegido; mi amado, en quien se agrada mi alma: Pondré mi espíritu sobre él, y hará juicio a las naciones. [19]No contenderá, ni clamará; ni nadie oirá su voz en las calles. [20]No quebrará la caña cascada, ni apagará el pábilo que humea, hasta que envíe el juicio a la victoria."* — ***Mateo 12:17-20***

> *"Y el siervo del Señor no debe contender, sino ser manso para con todos, apto para enseñar, paciente,"* — ***2 Timoteo 2:24***

> *"Ninguna palabra corrompida salga de vuestra boca, sino la que sea buena para la edificación, a fin de dar gracia a los oyentes."* — ***Efesios 4:29***

La mansedumbre de Jesús también se manifestó en la forma en que trataba a las personas que acudían a Él en busca de ayuda. No maltrataba a nadie ni con palabras ni con acciones. Por el contrario, era amable con todos, incluso con los pecadores. Como resultado, la gente recibía con gusto a Jesús porque era considerado y afectuoso, a diferencia de los fariseos, que los defraudaban y maltrataban. Por lo tanto, los intercesores deben ser amables y no tratar con dureza a las personas necesitadas.

Bondad

Ser bueno, excelencia moral; virtud, bondad; generosidad, excelencia de calidad, bondad de hechura. Jesús mostró bondad a lo largo de su ministerio terrenal. Fue bueno con todos, incluso con los que le torturaron y crucificaron. No había maldad en Él; tampoco conspiró contra el mal. Jesús se preocupaba de verdad por las personas a las que servía. Dios es bueno con nosotros todos los días, aunque no merezcamos Su bondad a causa de nuestros pecados. Nosotros también debemos mostrar bondad de corazón a los demás.

> *"Cómo Dios ungió con el Espíritu Santo y con poder a Jesús de Nazaret, el cual anduvo haciendo bienes y sanando a todos los oprimidos por el diablo, porque Dios estaba con él."* — ***Hechos 10:38***

La bondad también significa que debemos corregir las malas acciones con amor. No debemos consentir la maldad. Por ejemplo, Jesús fue bueno con la mujer sorprendida en adulterio, pero no pasó por alto su pecado. No la condenó, sino que le aconsejó que viviera rectamente.

> *"8Porque en otro tiempo erais tinieblas, mas ahora sois luz en el Señor: andad como hijos de luz:9(Porque el fruto del Espíritu es en todo bondad, justicia y verdad;)10Probando lo que es agradable al Señor."* — ***Efesios 5:8-10***

Fe

La fe es creer en el amor y la bondad de Dios. Es la base de nuestra obediencia a Él. La Palabra de Dios es la única fuente de fe. Nuestra fe crece a medida que enfocamos nuestros corazones y nuestra atención en lo que Él ya ha logrado. Los intercesores pueden romper fortalezas desplazando la ansiedad o el miedo y alimentando una fe inquebrantable. La fe es confianza en Dios a través de Jesucristo. Su dedicación a la verdad y a la vida triunfante nos da la fuerza para vencer al mundo. La fe procede de la confianza en el padre amoroso que tenemos en Dios. Activamos nuestra fe cuando creemos en la grandeza y el amor de Dios y confiamos en Su voluntad y propósito. Por lo tanto, los intercesores debemos tener fe en que el amor de Dios responderá a nuestras oraciones cuando nos pongamos en la brecha por los demás.

> *"Así que la fe viene por el oír, y el oír, por la palabra de Dios."* — **Romanos 10:17**

La fe es necesaria para agradar a Dios porque Él quiere que creamos que Él existe y recompensa a los que le buscan (Hebreos 11:6). La fe es confianza en la gracia y la misericordia de Dios. Por ejemplo, Jesús tenía fe en el amor del Padre por Él. También creía que Dios siempre escuchaba sus súplicas. Del mismo modo, las personas que expresaban su fe en Jesús recibían curación. Por ejemplo, Jesús alabó la fe del centurión romano como ejemplo para los judíos y los galileos, que tenían una oportunidad más significativa de recibir Sus bendiciones. Jesús también alabó la fe de la mujer cananea que pidió la liberación de su hija poseída por el demonio.

Cuando el Espíritu Santo guía a los intercesores, éstos tienen fe en Dios para encontrar soluciones en situaciones difíciles. Así, los Apóstoles hicieron muchos milagros porque creyeron en Dios a través de Jesús. Jesús dijo que podemos realizar obras mayores que las que Él hizo si tan sólo creemos (Juan 14:12).

La fe en Jesús nos lleva a confiar en nuestro servicio a Dios y a comprometernos firmemente con los demás. Dios es fiel porque cumple sus promesas y pactos. No importa lo que hagan los humanos, Dios cumple sus promesas. Por ejemplo, Dios prometió enviar a Su hijo para redimir a la humanidad, cumpliéndolo en el momento oportuno cuando Jesús murió por nuestros pecados. Del mismo modo, Jesús fue fiel en todos sus actos y palabras. Ejecutó fielmente el plan de redención de Dios para el hombre. También fue fiel en Su trato con la gente para que nadie pudiera acusarle de haber obrado mal. Jesús enseñó a sus discípulos a ser fieles comparando el Reino de Dios con la fidelidad en la administración (Mateo 25:14-30). Del mismo modo, los intercesores deben ser fieles al mandato de ponerse en la brecha por los demás.

> *"Por lo cual, hermanos santos, participantes del llamamiento celestial, considerad al Apóstol y Sumo Sacerdote de nuestra profesión, Cristo Jesús;[2]el cual fue fiel al que lo constituyó, como también Moisés fue fiel en toda su casa."* — **Hebreos 3:1-2**

> *"Que se nos tenga por ministros de Cristo y administradores de los misterios de Dios. [2]Además, se requiere de los administradores que el hombre sea hallado fiel."* — **1 Cor. 4:1-2**

Como Dios fiel, está al lado de su pueblo en los momentos difíciles. Satanás no puede tentar a los hijos de Dios más allá de su capacidad de resistencia, y Dios siempre proporciona una vía de escape. Como hijos de Dios, tenemos confianza en el futuro no porque seamos fieles, sino porque Él es fiel a su promesa de vida eterna. Cuando confesamos nuestros pecados, creemos que Dios nos perdona porque Él es justo y fiel a Su palabra. Dudar si Dios te ha perdonado cuando te arrepientes es cuestionar Su fidelidad. Por lo tanto, debemos creer en la fidelidad de Dios para responder a nuestras oraciones.

Mansedumbre

La mansedumbre es la humildad y la dulzura del corazón. Una persona mansa reconoce a Dios como fuente de todo bien, por lo que no se jacta, sino que acepta las correcciones. De niño, Jesús se sometió humildemente a la guía de sus padres terrenales, aunque era el hijo de Dios. Dejó su gloria celestial para venir a este mundo pecador a morir por la humanidad. Jesús no se quejó cuando abusaron de Él porque se sometió voluntariamente a la voluntad del Padre. Lo llevaron a la cruz como una oveja al matadero, aunque pudo haberse defendido. Jesús fue manso, pero no negó su identidad como Mesías. Sin embargo, no se jactó de las obras poderosas que Dios hizo a través de Él. Por el contrario, advirtió a los que sanaba y liberaba que no difundieran los milagros.

> *"Bienaventurados los mansos, porque ellos heredarán la tierra."*
> *— Mateo 5:5*

> *Llevad mi yugo sobre vosotros, y aprended de mí, que soy manso y humilde de corazón; y hallaréis descanso para vuestras almas."* —
> *Mateo 11:29*

*"Decid a la hija de Sión: He aquí, tu Rey viene a ti, manso, y sentado sobre una asna, y un pollino hijo de asna". - **Mateo 21-5***

Los intercesores deben ser mansos. Como Jesús, debemos usar los dones que Dios nos ha dado para ayudar a los demás, no para degradarlos o aprovecharnos de ellos, demostrando nuestra máxima humildad. Los intercesores deben reconocer y honrar a Dios como dador de todo. Jesús nunca se apropió de la gloria de Dios. Por lo tanto, los intercesores no deben atribuirse el mérito de las oraciones contestadas, porque no podemos hacer nada sin Él. Sin la ayuda del Espíritu Sin la ayuda del Espíritu Santo, podemos hacer cosas peores que los pecadores que condenamos. Por lo tanto, los intercesores no deben comportarse como los fariseos que confiaban arrogantemente en su justicia y juzgaban a los pecadores.

Templanza

Templanza significa autocontrol o disciplina. El Espíritu Santo nos ayuda a controlar nuestros deseos de cosas mundanas. Jesús siempre tuvo autocontrol y no se permitió nada que no glorificara a Su Padre. Cuando el diablo lo tentó después de un ayuno de cuarenta días, Jesús inmediatamente rechazó las ofertas impías del diablo usando las escrituras. El tenía control sobre sus deseos.

*"Y acercándose a él el tentador, le dijo: Si eres Hijo de Dios, di que estas piedras se conviertan en pan. Pero él, respondiendo, dijo: Escrito está: No sólo de pan vivirá el hombre, sino de toda palabra que sale de la boca de Dios." — **Mateo 4:3-4***

Jesús vivió una vida modesta en la tierra, aunque Dios se lo había dado todo. Dijo que quien desea con avidez las cosas del mundo no puede servir sinceramente a Dios. Por ejemplo, Jesús advirtió que no podemos servir a Dios y al dinero. Por lo tanto, los intercesores deben evitar la codicia y la atracción de este mundo. Del mismo modo, debemos controlar nuestros deseos y no dejarnos influir fácilmente por las situaciones que nos rodean.

> *"15No améis al mundo ni las cosas que están en el mundo. Si alguno ama al mundo, el amor del Padre no está en él. 16Porque todo lo que hay en el mundo, los deseos de la carne, los deseos de los ojos y la vanagloria de la vida, no proviene del Padre, sino del mundo."*
> **— 1 Juan 2:15-16**

Cualidades de los intercesores en el Nuevo Testamento

La oración era una prioridad para los primeros cristianos, que continuaron el ministerio de intercesión de Jesús. Emulaban las cualidades de Jesús, como la fe, la obediencia, la humildad, la paciencia y la perseverancia. Los intercesores se atienen a la Palabra de Dios para alcanzar la bendición deseada. Jesús sabía que, sin el poder del cielo, los discípulos fracasarían. Por eso, les dijo que esperaran en Jerusalén para recibir el poder. Así, tal como Jesús había prometido, el Espíritu Santo les dio poder con audacia y unción (Hechos 1:13-14; 2:1-4). Oraron con unidad y en armonía con la Palabra de Dios (Hch 4,23-31). Como resultado, los Apóstoles fueron fervientes en el ministerio (Santiago 5:17).

Los Apóstoles tenían una gran fe en Dios a través de Jesús. En el nombre de Jesús, intercedieron por la curación y la liberación de espíritus inmundos (Act 2-9; 3:15:16). Además, los Apóstoles eran humildes y daban gloria a

Dios por las maravillosas obras realizadas a través de ellos. Nunca se atribuyeron el poder de Dios para sanar y liberar. Eran amables y trataban a la gente con bondad. Las cosas mundanas no les apartaron de su mandato piadoso. Tenían compasión por los perdidos y no defraudaban a la gente.

La oración es un arma potente que Dios ha dado a sus hijos para cumplir la misión que nos ha encomendado. Los Apóstoles fueron perseverantes ante las graves amenazas de los fariseos. Como Jesús les dijo, los Apóstoles sufrieron palizas, encarcelamiento y muerte, pero perseveraron en el ministerio. Así, los intercesores deben persistir, incluso en situaciones difíciles.

Los intercesores son vasos de honor que deben exhibir rasgos piadosos. Dios siempre establece el estándar para Sus siervos, ya que nadie puede acercarse al Dios Santo con impureza. Como resultado, Él consagra y unge hombres para honrarle. Él también desea un corazón humilde, obediencia y fidelidad en la adoración. Los sacerdotes levitas tenían características piadosas, aunque exhibían defectos. Pero el último intercesor, Jesús, fue el único intercesor perfecto. Él es también el vaso sin pecado que derrotó a Satanás. Amor, paz, compasión, paciencia y obediencia fueron cualidades que Él exhibió en Su ministerio terrenal. Él ha empoderado a cada creyente con el Espíritu para vivir una vida santa y dar frutos espirituales.

El siguiente capítulo, los principios de la intercesión, detalla cómo la presencia de Dios se ha hecho accesible al hombre porque Jesús cumplió la ley en nuestro favor y capacitó a cada creyente con Su justicia. También nos dio un modelo perfecto de oración e intercesión.

4

Principios de intercesión

¿Cómo presentan los intercesores oraciones eficaces en favor de los demás? Dios siempre proveyó un modelo de oración de cómo Su pueblo debía aparecer ante Él en oraciones. En el Antiguo Testamento, Su pueblo adoraba y oraba ofreciéndole sacrificios de animales en altares (Génesis 4:3). Cuando Dios nombró a los sacerdotes levitas en Israel, los dirigió sobre cómo presentarse ante Él con sacrificios y ofrendas por Israel. Sólo el sumo sacerdote ministraba ante Él en el Lugar Santo, rociando sangre animal sobre el propiciatorio para expiar los pecados cometidos por los israelitas en el Día de la Expiación, e intercedió. Sin embargo, había un recordatorio anual del pecado, porque la sangre animal no podía erradicar el pecado.

Pero, en el Nuevo Testamento, Dios envió a su único Hijo, Jesús, quien se ofreció a sí mismo como sacrificio. Él llevó a cabo la máxima expiación por la humanidad con Su sangre. Él se limpió a sí mismo y a la humanidad una vez con Su sangre, olvidando la necesidad de sacrificios de animales y ofrendas quemadas antes de las oraciones (Hebreos 10). Rasgó el velo del Templo, y en un significado alegórico, la presencia de Dios se hizo accesible a toda la humanidad. Por lo tanto, Jesús no solo cumplió la ley en nuestro nombre, sino que también nos bendijo con un Nuevo Testamento purificado y sellado con Su sangre. Dios designó a Jesús como nuestro Sumo Sacerdote, quien, a su vez, nos ha dado poder como sacerdotes piadosos con Su justicia. También nos dio un modelo perfecto de oración e intercesión.

Modelo para estar de pie en la brecha en el Antiguo Testamento

La Biblia no dice cuándo Dios pidió por primera vez sacrificios y ofrendas en los altares como adoración y oración, pero Caín y Abel dieron animales y fruto de la tierra como ofrendas al Señor (Génesis 4: 3-5). Noé construyó un altar y ofreció sacrificios quemados después del diluvio. Del mismo modo, cuando Dios prometió dar Canaán a sus descendientes, Abraham construyó un altar al Señor. Del mismo modo, después de ser ordenado por Dios, Jacob cumplió y construyó un altar en Betel, donde también moró (Génesis 8:20-22; 12:1-8, 35:1-7).

Más tarde, Dios institucionalizó un modelo de oración para Moisés y el sacerdocio levítico después de que los israelitas salieron de Egipto. Primero, Dios le ordenó a Moisés que construyera el tabernáculo de la congregación, un lugar portátil de adoración, de acuerdo con el patrón que Él le mostró en el Monte Sinaí. Segundo, solo los sacerdotes podían ofrecer sacrificios de animales y ofrendas quemadas para Israel ante Él en el tabernáculo. Entre otros deberes sacerdotales, les instruyó a ofrecer sacrificios y ofrendas diarias y estacionales de animales en el altar para Israel. Además, los sacerdotes se limpiaban y vestían ropas santas antes de prestar servicio en el tabernáculo. Por lo tanto, Dios requirió que los sacerdotes fueran santos. Él ordenó a Israel observar el día de la **expiación** en el décimo día del séptimo mes de la siguiente manera (Levítico 16):

- Un sábado con ayuno para Israel.

- El **Sumo Sacerdote**, la única persona a la que se le permitió entrar en el **Lugar Santísimo**, lo hizo bien con Dios al ofrecer un sacrificio de carnero para limpiarse a sí mismo y a su familia del pecado.

- Trajo un **incienso ardiente** ante el Señor, y la nube de incienso cubrió el propiciatorio sobre el testimonio para evitar la muerte cuando entró en el Lugar Santo

- El sumo sacerdote pasaba a través del velo y entraba en esta morada sagrada una vez al año. Dios no puede mirar o tolerar el pecado, por lo que el velo era una barrera entre el hombre y el Dios santo.

- El sumo sacerdote ofreció sacrificios por sí mismo, su casa y la impureza y rebelión de Israel.

- **Para la expiación, trajeron dos cabras para una ofrenda por** el pecado y un carnero para una ofrenda quemada.

- El sumo sacerdote rocía la sangre (una cabra y un carnero) en el propiciatorio para expiar los pecados de Israel y limpia el Lugar Santo, el altar y la Tienda de Reunión (Levítico 16).

- El sumo sacerdote pone sus manos sobre la cabeza del macho cabrío vivo y confiesa los pecados de Israel, y el macho cabrío llevará sus pecados. Luego envían al chivo expiatorio a una tierra deshabitada.

- Quemaron la grasa de los animales en el altar de bronce.

- Los sacerdotes entonces bendijeron al pueblo.

Sin embargo, algunos sacerdotes levitas fallaron en este noble mandato y llevaron a Israel por mal camino. En consecuencia, Dios honró a aquellos que obedecieron Su Palabra. Él escogió a Judá y estableció Su promesa con el linaje de David, haciendo de Jerusalén el lugar de adoración donde Salomón construyó el Templo.

Judá también cometió prostitución y otras prácticas paganas. Mezclaron la adoración de Dios con la idolatría de Moloc, Baal y otros dioses extranjeros para profanar el Templo. Despreciaban los vasos sagrados y profanaban los sábados. También abandonaron la ley hasta que el rey Josías eliminó la adoración de Baal, Asera, Tofet y otros dioses del Templo y mató a los sacerdotes de Baal. Dios también ungió a sacerdotes como Isaías y Jeremías en Judá para interceder por Israel

Sin embargo, la continua desobediencia e idolatría profanó a Judá. Por lo tanto, Dios rechazó a Judá, y Su presencia se apartó del Templo en Jerusalén porque cometieron prostitución. Entregó a Judá en manos de sus saboteadores; se convirtieron en víctimas de la incursión babilónica. El rey Nabucodonosor tomó los vasos sagrados y destruyó el Templo. Judá se exilió durante 70 años.

Después de la destrucción del Templo y la dispersión de Israel, pidieron a Dios sin sacrificios de animales. En cambio, confesaron sus pecados y reconocieron la misericordia de Dios antes de presentar sus oraciones. El ayuno también era una parte central de la intercesión. Sin embargo, Dios preservó un remanente de Judá debido a Su pacto con David. Profetas como Daniel intercedieron por Judá en Babilonia sin sacrificios de animales.

> *"8Sin embargo, dejaré un remanente, para que tengáis algunos que escapen de la espada entre las naciones, cuando seáis esparcidos por los países." — **Ezequiel 6:8***

Más tarde, Judá regresó a Jerusalén, reconstruyó el templo y reanudó el servicio en el templo. El papel de los sacerdotes en el Templo continuó hasta que Jesús ofreció la intercesión final por los pecados de la humanidad, cumpliendo los pactos de Dios con Abraham y David (Génesis 4-18).

> *"¹⁶En aquellos días Judá será salva, y Jerusalén morará con seguridad, y este es el nombre con el cual será llamada: Señor nuestra justicia. Porque así dice el Señor; David nunca querrá que un hombre se siente en el trono de la casa de Israel; ¹⁸Tampoco querrán los sacerdotes levitas que un hombre delante de mí ofrezca holocaustos, y encienda ofrendas de carne, y haga sacrificios continuamente."* — **Jer. 33:14-18**

Modelo de intercesión en el Nuevo Testamento
Juan el Bautista prepara el camino para Jesús

Juan fue el puente entre el Antiguo y el Nuevo Testamento cuando Dios lo ungió con el Espíritu Santo para preparar el camino para el Mesías. Juan vino en el espíritu y el poder de Elías, el profeta, para volver a los hijos de Israel al Señor y preparar sus corazones para recibir el Evangelio. Antes del ministerio de Jesús, Juan predicó el arrepentimiento y el bautismo a todo el pueblo de Israel. También bautizó a Jesús y lo presentó a la gente como el Ungido de Dios. Él testificó acerca de Jesús, diciendo:

> *"¹⁵diciendo: Este fue aquel de quien hablé: El que viene después de mí es preferido antes que yo, porque él estaba antes que yo. ¹⁶Y de su plenitud hemos recibido todo lo que recibimos, y gracia por gracia. ¹⁷Porque la ley fue dada por Moisés, pero la gracia y la verdad vinieron por Jesucristo."* — **Juan 1:15-16**

Cómo intercedió Jesús

Jesús intercedió por las personas según el mandamiento de Dios. Expresó gratitud al Padre por escucharlo siempre a Él. Debido a que Dios le ha dado todo poder, Jesús sanó y liberó a la gente mientras predicaba el evangelio del Reino de Dios. Él cumplió los requisitos para nosotros cuando limpió nuestros pecados con Su preciosa sangre como nuestro cordero sacrificial. Él nos ha dado un nuevo pacto en Su sangre; Por lo tanto, ya no estamos obligados a cumplir con la ley del sacrificio de animales. Como nuestro sumo sacerdote eterno, Jesús se sienta a la diestra de Dios, intercediendo por nosotros. Jesucristo nos mostró una nueva manera de adorar y orar a Dios. Le dijo a la mujer samaritana que Dios ahora quiere que lo adoremos en espíritu y verdad, y no en Jerusalén o en el Monte Sinaí (Juan 4: 21-26).

Jesús, el único camino a Dios

Bajo el Nuevo Testamento, Jesús es el único camino a Dios (Juan 14:6). Como nuestro sumo sacerdote eterno, oramos en Su nombre al Padre. Él es el único mediador entre Dios y el hombre.

> *"⁶Jesús le dijo: Yo soy el camino, la verdad y la vida: nadie viene al Padre, sino por mí." —Juan 14:6*

Dios le ha confiado todo a Jesús y le ha dado un nombre al que todo se somete. Los apóstoles intercedieron en el nombre de Jesús. En Él, tenemos la victoria. Por lo tanto, los intercesores oran a Dios sólo en el nombre de Jesús. Recibimos salvación, liberación y todos los beneficios del Nuevo

Testamento en el nombre de Jesús. No podemos hacer nada sin Él (Juan 15).
Jesús también nos dio un modelo de oración que comprende:

- **Privacidad** — Ore al Padre en secreto.
- **Adoración:** "Padre nuestro que estás en los cielos".
- **La Voluntad de Dios** — "Venga tu reino";
- **Necesidades diarias:** "Danos hoy nuestro pan de cada día".
- **Perdón:** "Perdónanos nuestros pecados
- **Petición:** "Liberación de la tentación y del mal".
- **Acción de Gracias** — "Porque tuyo es el reino".
- **Ayuno**
- **Perseverancia**
- **Siempre y a medianoche** (Mateo 6:5-18)

Privacidad

Jesús oró abiertamente para que las personas recibieran su liberación, pero también tenía lugares únicos donde se retiraba para orar. Por ejemplo, a menudo se despertaba temprano en la mañana y se iba solo a un lugar solitario o a la ladera de la montaña para comunicarse con Dios (Marcos 1: 34-35). También se retiró al desierto y oró después de ministrar al pueblo.

Tomó a Pedro, Juan y Santiago, y subió a una montaña para orar. Mientras oraba, la apariencia de Su rostro cambió, y Su ropa se volvió radiantemente blanca. Jesús también nos aconsejó orar en secreto, para que Dios nos recompense abiertamente.

"Y cuando ores, no serás como los hipócritas: porque les encanta orar, de pie en las sinagogas y en las esquinas de las calles, para que puedan ser vistos por los hombres. De cierto os digo: Ellos tienen su recompensa. [6]Pero tú, cuando oras, entras en tu armario, y cuando hayas cerrado tu puerta, ora a tu Padre que está en secreto; y tu Padre que ve en lo secreto te recompensará abiertamente." — ***Mateo 6:5, 6***

Aunque los apóstoles ministraban a la gente abiertamente, por lo general se reunían en el interior para orar. Las sesiones intercesoras implican cerrar todas las interferencias e interrupciones, prohibir la exhibición abierta y colocar todos los pensamientos solo en Dios para hacer un inventario completo de nosotros e intervenir por los demás. Una vida privada de oración aumenta nuestra comunión con Dios. Dios aprecia una relación personal como el gozo viene con nuestra comunión con Él

Adoración

La adoración es una intensa admiración en la reverencia y actitud en la adoración ante el Señor, nuestro Hacedor. Jesús siempre adoró al Padre. También enseñó a los discípulos a comenzar sus oraciones con adoración adorando al Padre celestial. Adoramos a Dios declarando Su naturaleza divina y santificando Su nombre con palabras y canciones. Las huestes celestiales adoran a Dios postrándose y proclamando Su gloria, poder y honor (Apocalipsis 4). En la adoración, algunas personas se arrodillan mientras que otras se postran ante el Señor. Pero no importa tu postura, lo importante es que tu adoración debe venir de tu corazón. Jesús dijo que Dios quiere que lo adoremos en espíritu y verdad (Juan 4). Por lo tanto, debemos presentarnos ante Dios con adoración de un corazón puro y amoroso. Adoramos a Dios porque lo amamos por lo que Él es.

"Padre nuestro, que estás en los cielos, santificado sea tu nombre. [10]Venga tu reino, hágase tu voluntad en la tierra, como en el cielo."
— Mateo 6:9-10

"[8]Y las cuatro bestias tenían cada una de ellas seis alas alrededor de él, y estaban llenas de ojos dentro, y no descansan día y noche, diciendo: Santo, santo, santo, Señor Dios Todopoderoso, que era, y es, y ha de venir.[9]Y cuando esas bestias dan gloria y honor y gracias al que estaba sentado en el trono, que vive por los siglos de los siglos, [10]Los cuatro y veinte ancianos se postran delante del que estaba sentado en el trono, y adoran al que vive por los siglos de los siglos, y echan sus coronas delante del trono, diciendo: [11]Eres digno, oh Señor, de recibir gloria, honor y poder, porque has creado todas las cosas, y para tu placer son y fueron creadas." —*
Rev. 4:8-11

Dios quiere que Sus hijos lo adoren. Así que cuando los fariseos le preguntaron a Jesús por qué la gente estaba alabando a Dios durante su entrada triunfal en Jerusalén, Él dijo que las piedras clamarían si se callaban.

"[40]Respondiendo él y les dijo: Os digo que, si éstos mantuvieran su paz, las piedras clamarían inmediatamente." — **Lucas 19:37-40**

Por lo tanto, humildemente nos acercamos a Dios como el Señor Soberano, quien hizo el Cielo y la Tierra, reconociendo genuinamente Su santidad, grandeza, justicia y perfección en todo. En la adoración, testificamos que

Dios es más grande que todos y digno de nuestra adoración. Dios desea y merece adoración sincera. Luego continuamos con alabanza, contando con alegría todas las buenas y poderosas obras de Dios. Con gratitud en nuestros corazones, apreciamos las obras justas de Dios. Lo alabamos por su bondad y misericordia. Jesús siempre alabó y agradeció a Dios por su amor por la humanidad.

La alabanza y la adoración atraen la presencia de Dios. Por ejemplo, cuando Pablo y Silas alabaron y adoraron a Dios en la cárcel, Su presencia sacudió todo el edificio, y hubo una poderosa liberación porque hay libertad en Su presencia. Del mismo modo, la presencia de Dios llenó el lugar donde los discípulos lo adoraban después de que los fariseos los amenazaron con no sanar ni predicar en el nombre de Jesús.

Al alabar y adorar a Dios, Su presencia nos ensombrece y nos libera de la esclavitud, especialmente del espíritu de pesadez. Entonces Él nos llena con el espíritu de gozo. Por lo tanto, la alabanza y la adoración son críticas en la intercesión. Debemos alabarlo y adorarlo en cada situación y en todas partes con canciones y palabras amorosas. Sin embargo, solo podemos adorar a Dios si sabemos quién es Él estudiando y obedeciendo Su palabra.

La voluntad de Dios

Jesús ejecutó la voluntad del Padre en su ministerio temprano. Él emuló todo lo que Dios hizo. Nuestro Padre celestial contesta las oraciones de acuerdo con Su voluntad. Por lo tanto, las acciones, el habla y las intercesiones de Jesús se conformaron a la voluntad de Dios. Por ejemplo, se sometió a la voluntad de Dios cuando agonizaba en el jardín de Getsemaní porque sabía que Dios seguramente elegiría el plan de redención para la humanidad sobre su sufrimiento temporal. Dios le dio autoridad y poder a Jesús para cumplir Su voluntad en la tierra. También ha ungido y empoderado a los creyentes a través de Jesús con el Espíritu Santo para continuar Su voluntad en la tierra.

> *"Entonces respondió Jesús y les dijo: De cierto, de cierto os digo: El Hijo no puede hacer nada por sí mismo, sino lo que ve hacer al Padre: porque las cosas que hace, éstas también las hace el Hijo. Porque el Padre ama al Hijo, y le muestra todas las cosas que él mismo hace, y le mostrará obras mayores que estas, para que os maravilles. Porque como el Padre resucita a los muertos, y los vivifica; así también el Hijo vivifica a quien quiere."* — ***Ju. 5:19-21***

¿Cómo conocen los intercesores la voluntad de Dios?

Sólo podemos conocer la mente de Dios en cada situación a través de Su palabra - la Biblia y la revelación. El Espíritu Santo nos habla a través de la Palabra de Dios. Además, el Espíritu toma las doctrinas de Cristo, la Palabra de Dios, y las simplifica para el creyente. Él no actúa independientemente de la Palabra de Dios. Por lo tanto, el creyente guiado por el Espíritu es un hacedor de la Palabra (Juan 16:13-15).

> *"[12]Todavía tengo muchas cosas que deciros, pero ahora no podéis soportarlas. [13]Pero cuando venga él, el Espíritu de verdad, os guiará a toda verdad, porque no hablará de sí mismo; pero todo lo que oiga, eso hablará, y os mostrará las cosas por venir. [14]Él me glorificará, porque recibirá de lo mío, y os lo mostrará".* — ***Juan 16:13-14***

El Espíritu Santo, nuestro maestro, nos ayuda a entender la palabra de Dios para saber lo que Él desea de nosotros. Dios contesta las oraciones de acuerdo con Su voluntad, como está documentado en Su Palabra. Él no contestará nuestras oraciones si pedimos algo más allá de Sus promesas. Dios no nos concederá todo lo que le pidamos porque Él sabe lo que es mejor para nosotros. Para una oración efectiva, debemos aprender lo que Dios ha prometido en Su palabra a través de la lectura de la Biblia.

Entonces podemos basar nuestras oraciones en ellos. Oramos por las promesas de Dios proclamando Su palabra. Además, sin la guía del Espíritu Santo, viviríamos en carnalidad, gobernados por la vieja naturaleza pecaminosa, rebelión y fuera de la comunión con Dios. Además, Dios ha empoderado a los creyentes con dones espirituales para conocer Su voluntad en tiempo real. Incluyen sabiduría, conocimiento, fe, sanidad, milagros, profecía, discernimiento, lenguas e interpretación de lenguas. El don de sanidad es la manifestación del Espíritu de Dios que milagrosamente trae sanidad y liberación. Hay otros dones, como sueños y visiones. Jesús dijo que el Espíritu Santo nos mostraría revelaciones de cosas que Dios nos ha dado libremente.

Cada creyente debe saber cómo el Espíritu Santo se comunica con él. Los apóstoles usaron estos dones en su intercesión mientras predicaban el evangelio. Sanaron a los enfermos y liberaron a los oprimidos para la gloria de Dios. Por ejemplo, Pedro, empoderado con el don de la curación, oró por la curación de los cojos en la Hermosa Puerta del templo (Hechos 3:2). Del mismo modo, Pablo fue testigo de señales y maravillas en muchos lugares donde predicó el evangelio. Al igual que los apóstoles, debemos usar estos dones para liberar a las personas de la opresión del diablo. Sin embargo, Dios nos castigará si usamos estos dones gratuitos del Espíritu para ganancias egoístas

> *"Pero la manifestación del Espíritu es dada a todo hombre para que se beneficie de ello. [8]Porque a uno se le da por el Espíritu la palabra de sabiduría; a otro la palabra de conocimiento por el mismo Espíritu; [9]A otra fe por el mismo Espíritu; a otra los dones de sanidad por el mismo Espíritu; [10]A otro la obra de milagros; a otra profecía; a otro discernimiento de espíritus; a otros diversos tipos de lenguas; a otro la interpretación de lenguas: [11]Pero todo esto obra aquel y el mismo Espíritu, dividiendo a cada hombre separadamente como él quiere." — 1 Corintios 12:7-11*

Nuestros sentidos naturales no pueden percibir los asuntos del espíritu. Por lo tanto, los intercesores deben ser sensibles al Espíritu Santo, especialmente durante las oraciones. Por ejemplo, Dios le dijo a Ananías en una visión que orara por Pablo, quien se había quedado ciego después de un encuentro con el Señor por perseguir a la iglesia. Pablo también recibió una visión acerca de Ananías viniendo a ayudarlo (Hechos 9:10-20).

Además, Pablo fue dirigido en una visión nocturna para ir a Macedonia y ayudar. No debemos ser complacientes, sino confiar en la guía del Espíritu. Por ejemplo, el Espíritu Santo impidió que Pablo predicara el evangelio en Asia. En cambio, se le dirigió en una visión nocturna para ir a Macedonia y ayudar (Hechos 16: 6-10).

Perdón - perdón de ofensas

Dios no puede tolerar el pecado. Nuestros pecados deben ser lavados a través de las demandas sacrificiales satisfechas requeridas por el Santo Dios. Jesús dijo que debemos pedirle a Dios que perdone nuestros pecados. Entonces, cuando confesamos fácilmente nuestros pecados, la sangre de Jesús nos santifica para tener la audacia de acercarnos al trono de Dios para una vida de oración efectiva (Hebreos 10: 1).

> *"Si confesamos nuestros pecados, él es fiel y justo para perdonar nuestros pecados, y limpiarnos de toda maldad." — 1 **Juan 1:9***

Del mismo modo, debemos perdonar a otros que nos han hecho daño (Mateo 7:12). Jesús dijo que aquellos que quieren el perdón de Dios deben perdonar a los demás. Dios no te perdonará si no perdonas a los demás (Mateo 18:21-35). Por lo tanto, debemos arrepentirnos de nuestro corazón, confesar nuestros pecados y perdonar a aquellos que nos han ofendido.

> *"²⁵Y cuando estéis orando, perdonad, si tenéis contra alguno, para que también vuestro Padre que está en los cielos os perdone vuestras ofensas. ²⁶Pero si no perdonáis, tampoco vuestro Padre que está en los cielos perdonará vuestras ofensas." — **Marcos 11:25-26***

Por lo tanto, confesar nuestros pecados y perdonar a otros es importante para la oración efectiva. No debemos pasar por alto el pecado (Gálatas 5:13). Jesús no tenía pecado, así que nunca pidió perdón. Sin embargo, Él perdonó a todos los acusados y maltratados erróneamente. Incluso en la cruz, le pidió a Dios que perdonara a los que lo crucificaron. Del mismo modo, los intercesores deben perdonar a los demás de corazón para que Dios nos perdone nuestros pecados. El pecado hace que nuestras oraciones sean ineficaces.

Petición

Así como necesitamos "pan de cada día" para nuestro bienestar físico, necesitamos liberación diaria del mal y la tentación que enfrentamos diariamente. Necesitamos pan de cada día para sustento. Dios es nuestro proveedor, y Él suple todas nuestras necesidades. El modelo de oración continúa con una petición de liberación del mal y de la tentación. Es imperativo confiar en Dios para proveer para nuestras necesidades espirituales y temporales (Romanos 1:10; 2 Corintios 12:8). Jesús nos enseña a luchar por la liberación del mal y la tentación, ya que no podemos derrotar al diablo solos. Debemos reconocer nuestras limitaciones y pedir a Dios que intervenga y nos ayude. El diablo acecha por todas partes, rugiendo y tratando de devorar a la gente.

> *"7Echando todo tu cuidado sobre él; porque él se preocupa por ti. 8Sed sobrios, estad vigilantes; porque vuestro adversario el diablo, como león rugiente, anda por ahí, buscando a quién devorar: 9A quien resiste firme en la fe, sabiendo que las mismas aflicciones se cumplen en vuestros hermanos que están en el mundo." — 1 Pedro 5:7-9*

Por lo tanto, los intercesores oran para que Dios libere a las personas del mal y la tentación. Diariamente enfrentamos la maldad, las trampas y las artimañas del diablo, como el pecado y sus consecuencias, las guerras, las enfermedades, la lujuria, la pobreza y todo tipo de dolor. Los intercesores deben permanecer en la brecha para la liberación de otros, porque nuestra victoria está en Jesucristo. Jesús venció las tentaciones de Satanás con la palabra de Dios. Él pagó por todos nuestros pecados y nos liberó, pero el diablo continúa golpeándonos con el mal y sus señuelos impíos. Sin embargo, Dios ha empoderado a los creyentes con Su Palabra y el Espíritu Santo para resistir al diablo y orar por los demás. Por ejemplo, los apóstoles intercedieron por los enfermos, los poseídos por demonios y las personas que sufrían de muchas aflicciones del diablo.

> *"12Por tanto, regocíjense, cielos, y vosotros que moráis en ellos. ¡Ay de los habitantes de la tierra y del mar! porque el diablo ha descendido a vosotros, teniendo gran ira, porque sabe que tiene poco tiempo. 17Y el dragón se enfureció con la mujer, y fue a hacer guerra con el remanente de su simiente, que guarda los mandamientos de Dios y tiene el testimonio de Jesucristo."* —
> ***Apocalipsis 12:12, 17***

Además, los intercesores deben orar por la liberación de las almas perdidas y los creyentes que atraviesan desafíos en su caminar cristiano. El diablo desea que fracasemos, así como cayó de la gracia. Por lo tanto, nos atormenta con todo tipo de maldad y tentación en todos los aspectos de la vida. Tenía la intención de descarrilar la misión de Jesús en la tierra con sus tentaciones en el desierto, pero fracasó. El diablo también tentó a Pedro a negar a Jesús después de su arresto. Pero debido a que Jesús oró por Pedro de antemano, se arrepintió y cumplió su mandato dado de dirigir la iglesia primitiva.

"³¹Y el Señor dijo: Simón, Simón, he aquí, Satanás ha querido tenerte, para que te corte como trigo: ³²Pero he orado por ti, para que tu fe no falle, y cuando te conviertas, fortalece a tus hermanos."
*— **Lucas 22:31-32***

Sin embargo, los intercesores deben reconocer que Dios siempre contestará las oraciones de acuerdo con Su voluntad y tiempo, y no a lo que nosotros deseamos. Por lo tanto, debemos someter nuestras oraciones y esperar pacientemente y aceptar la voluntad de Dios. Por ejemplo, Pablo oró tres veces por la liberación de un "aguijón en la carne", pero Dios dijo que su gracia era suficiente para que Pablo la llevara (2 Corintios 12: 7-9).

Acción de gracias

Mostrarse agradecido, beneficios o favores, especialmente a Dios. Jesucristo siempre agradeció a Dios por contestar Sus oraciones antes de que los resultados se manifestaran físicamente. Él creía en el amor del Padre para contestar Sus oraciones. Por ejemplo, Jesús agradeció a Dios por escucharlo antes de orar para que Lázaro resucitara de la muerte.

*"⁴¹Luego quitaron la piedra del lugar donde se colocó a los muertos. Y Jesús levantó los ojos y dijo: Padre, te doy gracias porque me has escuchado. ⁴²Y sabía que me escuchas siempre; pero a causa de la gente que está a su lado, lo dije, para que crean que me has enviado. ⁴³Y cuando hubo hablado así, clamó a gran voz: Lázaro, sal. ⁴⁴Y salió el que estaba muerto, atado de pies y manos con ropa de tumba, y su rostro estaba atado con una servilleta. Jesús les dijo: Desatóralo y déjalo ir". — **Ju. 11:41-44***

Del mismo modo, Pablo instó a los filipenses a someter sus oraciones a Dios con acción de gracias. Cuando oramos con acción de gracias en lugar de lamentarnos, expresamos fe en Dios para responder nuestras oraciones. Por lo tanto, los intercesores deben presentarse ante Dios con acción de gracias, reconociendo el amor y la fidelidad de Dios al responder nuestra oración, sin importar cuán grave sea la situación.

> *"⁶No os cuidéis de nada; pero en todo, por oración y súplica con acción de gracias, que vuestras peticiones sean dadas a conocer a Dios. ⁷Y la paz de Dios, que sobrepasa todo entendimiento, guardará vuestros corazones y vuestras mentes por medio de Cristo Jesús."* — **Filipenses 4:6-7**

Ayuno

El ayuno, en la Biblia, significa disminuir o ignorar voluntariamente la ingesta de alimentos durante un tiempo específico y buscar la guía divina.

Antes de que Jesús comenzara su ministerio público, ayunó durante cuarenta días en el desierto. Estando lleno del Espíritu Santo, regresó del Jordán (Mateo 4:2).

- Fue guiado por el Espíritu al desierto.
- Tentado por el diablo durante cuarenta días.
- No comió nada y tuvo hambre después del ayuno.

También enseñó que el ayuno debe ser en secreto sin una muestra pública de semblante triste. Cuando los fariseos cuestionaron por qué sus discípulos no estaban ayunando, Jesús explicó que ayunarían cuando Él partiera de esta tierra.

*"16Además, cuando ayunéis, no seáis, como los hipócritas, de semblante triste, porque desfiguran sus rostros, para que parezcan a los hombres ayunar. De cierto os digo: Ellos tienen su recompensa. 17Pero tú, cuando ayunes, unge tu cabeza y lava tu rostro;18Que no aparezcas a los hombres para ayunar, sino a tu Padre que está en secreto, y tu Padre, que ve en secreto, te recompensará abiertamente." — **Mateo 6:16-18**

Después de que algunos de sus discípulos le preguntaron por qué no podían liberar al niño atormentado por el espíritu sordomudo (Marcos 9 17-29). Jesús les dijo que algunas situaciones solo podían remediarse con la oración y el ayuno.

"Y les dijo: Este género no puede salir por nada, sino por la oración y el ayuno." — **Marcos 9:29**

Esto significa que algunas situaciones requieren tanto oración como ayuno. Por lo tanto, el ayuno es una parte esencial de la intercesión. Por ejemplo, Cornelio estaba ayunando y orando cuando tuvo una visita divina que trajo liberación a él y a su casa (Hechos 10: 1-48). Además, los discípulos de la iglesia primitiva siempre ayunaban y oraban antes de tomar decisiones importantes, como seleccionar a los ancianos de la iglesia. Por ejemplo, mientras la iglesia de Antioquía ayunaba y oraba, Dios escogió a Bernabé y a Pablo para Su obra (Hechos 13).

El cuerpo de Cristo puede lograr mucho con la oración y el ayuno. Cuando los líderes de la iglesia buscaron la dirección de Dios para su ministerio a través de la oración y el ayuno, el Espíritu Santo respondió: "Apartad para mí Bernabé y Saulo para la obra a la que los he llamado" (Hechos 13:13). Las iglesias en Galacia, al nombrar ancianos para velar por el rebaño, ayunaron y oraron. Ayunamos cuando lidiamos con tentaciones, comenzando con la obra de Dios y seleccionando y nombrando ancianos y líderes.

El ayuno humilla el alma, y las oraciones de una persona humilde tienen más probabilidades de ser contestadas. Jesús advirtió contra el ayuno para presumir. La oración y el ayuno no equivalen a nada sin obediencia. Nos humillamos ante Dios en oración. El ayuno es esencial hoy porque Jesús dijo que sus discípulos ayunarían cuando Él se fuera, y la oración con ayuno efectivamente atrae la bendición de Dios (Mateo 6:18).

Oraciones persistentes

La oración persistente significa que oras hasta que obtengas la respuesta de Dios. Jesús enseñó a sus discípulos oraciones persistentes con la parábola de un hombre que honró la petición de pan de su amigo a medianoche para alimentar sus búsquedas debido a su persistencia. Dijo que el hombre le dio pan a su amigo no por amistad sino por su persistencia.

Por lo tanto, Jesús dijo que cuando pedimos, buscamos y llamamos, nuestro Padre celestial contestará nuestras oraciones. Él explica que, si los seres humanos pecadores pueden dar cosas buenas a sus hijos, nuestro Padre celestial está más dispuesto a bendecirnos. El ciego Bartimeo recibió su vista cuando insistentemente llamó a Jesús para que lo ayudara, incluso cuando la gente le gritaba que se callara. Por lo tanto, orar con persistencia y expectativa producirá los mejores resultados. Nuestra fe en la bondad de Dios nos hace confiar en pedir Sus dones. Una parábola similar era sobre la viuda que continuamente le pedía al juez injusto que la vengara. Por lo tanto, Dios quiere que oremos con perseverancia. Del mismo modo, Jesús persistió en la oración tres veces en el jardín de Getsemaní con respecto a la cruz, y Dios respondió de acuerdo con Su voluntad (Mateo 26: 36-46, Efesios 6:18).

La oración persistente muestra determinación para obtener resultados. Por ejemplo, Pablo oró tres veces para que Dios lo librara, en cambio, Dios le aseguró que su gracia era suficiente para que él lo soportara.

Dios se deleita en contestar nuestras oraciones cuando perseveramos. Debemos someternos a la voluntad de Dios y obedecerle mientras persistimos. Los caminos de Dios son correctos, no los nuestros. Sin embargo, nuestros corazones pueden no entender Su voluntad o tiempo porque nuestros caminos pueden diferir de los Suyos. Debemos esperar a que la respuesta de Dios se manifieste. En fe y confiando en la bondad de Dios, podemos perseverar constantemente en la oración.

Oraciones de medianoche

Jesús no proporcionó un tiempo particular para las oraciones. Él mandó a Sus discípulos que velaran y oraran siempre para escapar de las tentaciones. "Velad, pues, y orad siempre, para que seáis considerados dignos de escapar de todas estas cosas que sucederán, y de estar delante del Hijo del Hombre" (Lucas 21:36). El tiempo de oración no se limita a ningún período específico durante el día o la noche. Sin embargo, Jesús a menudo oraba temprano al amanecer para profundizar su comunión con Dios en privado (Marcos 1:35-38). Por ejemplo, Jesús oró toda la noche antes de elegir a Sus discípulos.

"¹²Y aconteció en aquellos días que salió a un monte a orar, y continuó toda la noche en oración a Dios. ¹³Y cuando fue de día, llamó a sus discípulos, y de ellos escogió a doce, a quienes también llamó apóstoles." — **Lucas 6:12-13**

Algunas de las enseñanzas de Jesús también revelaron el significado espiritual de la medianoche. Por ejemplo, en la parábola de las diez vírgenes, el novio llegó a medianoche (Mateo 25:6). Del mismo modo, Pablo y Silas recibieron visitación divina y liberación cuando oraron y alabaron a Dios en prisión a medianoche (Hechos 16:25-34). Otra intercesión y liberación de medianoche en la Biblia incluyen los siguientes incidentes:

- La parábola de un hombre que honró la petición de pan de su amigo a medianoche para alimentar sus búsquedas debido a su persistencia (Lucas 11: 5). El novio de las diez vírgenes salió a medianoche.

- Pablo y Silas oraron y cantaron himnos de alabanza a Dios a medianoche en la prisión y atrajeron la presencia de Dios que trajo una gran liberación a los reclusos, incluido el carcelero (Hechos 16: 25-34).

- Pablo y las personas que naufragaron en el mar Adriático en su camino a Roma tuvieron una poderosa liberación a la medianoche del decimocuarto día (Hechos 27:27).

En conclusión

Dios ha dado principios para una intercesión efectiva. Él proporcionó a Moisés el modelo para los sacerdotes en el Antiguo Testamento. Los sacerdotes tenían el mandato de ministrar ante Dios con sacrificios y ofrendas. El sumo sacerdote se paró en la brecha y expió los pecados de impureza en el Templo. Sin embargo, el sacrificio de sangre animal no pudo limpiar a los sacerdotes e Israel de la injusticia.

Jesús, el eterno Sumo Sacerdote, lavó nuestros pecados con Su sangre, algo que los sacrificios de sangre de los sacerdotes levitas no podían ofrecer. Él nos dio el derecho de vivir en la presencia de Dios, ofrecer sacrificios espirituales de alabanza y disfrutar de una comunión íntima con Él. Jesús satisfizo todos estos requisitos en el Nuevo Testamento cuando expió los pecados de la humanidad y de sí mismo con su sangre. Jesús se convirtió en el gran Sumo Sacerdote y el último intercesor. Él imputó su justicia a todos los creyentes y nos dio un modelo perfecto de oración a través de Él para glorificar a Dios.

Este capítulo abordó el modelo de intercesión, que abarca la alabanza, la confesión de pecados, la acción de gracias y la súplica, con la ayuda del Espíritu Santo de acuerdo con la voluntad de Dios. En el próximo capítulo se analizarán los obstáculos a la intercesión efectiva.

*"Si alguno no permanece en mí, como pámpano es echado fuera, y se seca; y los hombres los recogen, y los echan en el fuego, y arden. Si permanecéis en mí, y mis palabras permanecen en vosotros, pedid lo que queráis, y os será hecho." — **Juan 15:6-7***

*Si **considero la iniquidad en mi** corazón, el Señor **no me escuchará** — **Salmo 66:18***

5

Obstáculos a la intercesión

Estás intercediendo por alguien, pero ¿qué hace que tus oraciones sean ineficaces? ¿Es el ataque del enemigo un factor? Dios ha declarado en la Biblia que la desobediencia a Su Palabra es el único obstáculo para nuestras oraciones. Cuando Adán y Eva desobedecieron Sus leyes, Él los expulsó del jardín del Edén. Del mismo modo, rechazó los sacrificios y las ofrendas de algunos sacerdotes levitas a causa de su desobediencia.

> *"[1]He aquí que no se ha acortado la mano de Jehová para salvar, ni se ha agravado su oído para oír:[2]But vuestras iniquidades han hecho separación entre vosotros y vuestro Dios, y vuestros pecados han hecho ocultar de vosotros su rostro para no oír."* — **Isaías 59:2**

Sin embargo, Jesús, el último intercesor, satisfizo todas las condiciones para ser el Sumo Sacerdote perfecto. Obedeció todas las leyes de Dios y estuvo en comunión diaria con Él. Por lo tanto, Dios honró todas sus oraciones. Jesús también advirtió que los desobedientes no pueden ser fructíferos y serían expulsados del Reino de Dios, pero las oraciones de los obedientes serán escuchadas (Juan 15:6-7).

Obstáculos a la intercesión en el Antiguo Testamento

La rebelión y caída de la primera pareja en el jardín del Edén arruinó su relación y comunión con Dios. Después, la humanidad se enfrentó a obstáculos en su comunicación con Dios. Sin embargo, el Dios misericordioso siempre guio a su pueblo para que volviera a Él en comunión.

Por ejemplo, cuando Dios rechazó la indigna ofrenda de Caín, le instó a ofrecer una mejor para que fuera aceptada (Génesis 4:7). Del mismo modo, Dios instruyó a Moisés sobre los requisitos para los sacrificios y ofrendas aceptables e inaceptables de los sacerdotes levitas. También ordenó a los sacerdotes que no se presentaran ante Él impuros, so pena de muerte. Sin embargo, algunos sacerdotes desobedecieron la ley mosaica y rompieron el pacto de Dios con Israel. Por lo tanto, no podían cumplir con su deber de intercesores de manera digna de crédito.

Obstáculos según la ley

Rebelión

La rebelión es una desobediencia voluntaria de la palabra de Dios. Dios odia la rebelión porque conduce a la caída de la gracia. Aquellos que desobedecen Sus leyes enfrentan graves consecuencias. Por ejemplo, Lucifer fue una vez un ángel estimado en el cielo. Pero cuando se rebeló contra Dios en el cielo, fue arrojado a la tierra y se convirtió en el diablo. Del mismo modo, los dos hijos de Aarón perecieron cuando ofrecieron fuego extraño en el tabernáculo, en contra de los mandamientos de Dios.

El odio de Dios a la rebelión se manifestó en la historia del profeta pagano Balaam. Cuando el rey moabita Balac le pidió que maldijera a los israelitas por miedo a que lo asaltaran a él y a su tierra, propuso un regalo a Balaam por sus servicios. Dios le advirtió que no ayudara ni visitara a los moabitas, enemigos de Israel, pero él desobedeció hasta que Dios cedió. Más tarde, los israelitas lo mataron en batalla (Números 22; Josué 24).

Además, el profeta Samuel comparó la rebelión con la brujería y la idolatría cuando el rey Saúl se rebeló contra el Señor (1 Samuel 15).

Primero, Saúl se impacientó y ofreció un sacrificio quemado y una ofrenda al Señor porque Samuel se había demorado en venir a hacer el sacrificio. Saúl tenía instrucciones de esperar siete días para que Samuel llegara a dar una ofrenda para buscar el favor del Señor en la batalla. En lugar de eso, se le adelantó y ofreció un sacrificio a Dios. Le perdonó la vida al rey Agag y se llevó el botín de la batalla, aunque Dios le ordenó destruir a los amalecitas y todo lo que poseyeran.

El cielo cerrará sus puertas contra nosotros cuando luchemos contra Dios en rebeldía. Así, Dios rechazó a Saúl y eligió a David como rey de Israel. La desobediencia de Saúl enfureció la ira de Dios, el Espíritu Santo lo abandonó y un espíritu maligno lo atormentó. Además, consultó a una bruja para que le ayudara a hablar con el espíritu de Samuel (1Samuel 13-16). Lamentablemente, Saúl murió por su infidelidad contra el Señor y porque consultó a una médium para que lo guiara. Además, la rebelión también destrozó la vida y el destino del rey Saúl. Es vital obedecer a Dios de corazón en lugar de sacrificarse.

No tienes que ser terco cuando el rostro de Dios se ha apartado de ti como lo hizo con Saúl. Es peligroso desobedecer a Dios. Él se niega a responder a tus oraciones o a bendecirte. Confía siempre en la buena voluntad de Dios y entrégale toda situación. Nunca hay necesidad de desanimarse cuando el Espíritu Santo se te manifiesta y sabes que tus oraciones son escuchadas. Además, la oración contestada y la obediencia al Padre están íntimamente ligadas.

Idolatría

La idolatría implica adorar ídolos, imágenes, una persona o cualquier cosa que no sea el Dios verdadero. Es la máxima traición a la relación de Dios con el hombre y una grave ofensa a Dios. El primero de los Diez Mandamientos,

> *"Yo soy el Señor tu Dios, no tendrás dioses delante de Mí." —*
> *Éxodo 20*

Prohíbe explícitamente la idolatría. *Todas las* formas de idolatría son inaceptables para Dios. Es contraria a "Amarás al Señor, tu Dios, con todo tu corazón, con toda tu alma y con todas tus fuerzas" (Dt 6,5).

Por ejemplo, Dios ordenó a Jacob y a su familia que se deshicieran de sus dioses extranjeros antes de llegar a Betel y construyeran un altar para Él. Dios quiso destruir a los israelitas como nación cuando adoraron el becerro de oro que hizo Aarón, pero Moisés se deshizo de la imagen moldeada e intercedió por Israel.

Israel tenía un pacto con Dios para servirle sólo a Él. Dios les dijo que destruyeran los ídolos de Canaán. Sin embargo, cuando los israelitas llegaron a Canaán, no destruyeron los templos de ídolos que había allí. Por lo tanto, con frecuencia se volvieron a las prácticas religiosas cananeas que alteraron su adoración a Dios, llevando a la idolatría. Estas prácticas paganas incluían la inmoralidad sexual, los sacrificios humanos y el sacrificio de animales impuros en el templo como parte de sus rituales religiosos. No hicieron caso de sus repetidas advertencias y dieron la gloria de Dios a los ídolos. Como resultado, Dios permitió que sus enemigos los vencieran. Sin embargo, Dios siempre respondía al clamor de ayuda de Israel y enviaba un juez o profeta para rescatarlos. Moisés declaró que estos falsos dioses eran demonios. Los demonios son los poderes detrás de la idolatría; algunas de estas prácticas incluyen adivinación y comunicación con fuerzas espirituales impías. Por ejemplo, Saúl le pidió a la bruja de Endor que resucitara a Samuel, y la bruja vio un espíritu que se levantaba del suelo y representaba a Samuel. Dios exigía a su pueblo que lo buscara sólo a Él. Desafortunadamente, Israel copió estas prácticas malvadas de las naciones vecinas en lugar de su devoción al mandato de Dios.

Finalmente, Dios dividió a Israel en dos reinos, Judá e Israel, después de que el rey Salomón adorara a los ídolos. Salomón amaba a muchas mujeres extranjeras que influyeron en él para que construyera templos para sus dioses paganos. Dios le dio el reino del norte, Israel, a Jeroboam, pero también llevó a Israel a adorar ídolos y les prohibió ir a Jerusalén a adorar. Jeroboam también construyó dos becerros de oro e hizo sacerdotes a personas que no eran levitas. Además, el rey Acab y su esposa Jezabel fueron notables adoradores de ídolos en Israel. Estas prácticas continuaron hasta que los asirios destruyeron Samaria y dispersaron a las diez tribus. En el reino del Norte, la idolatría duró casi dos siglos. Finalmente, los asirios conquistaron Israel y dispersaron a las diez tribus según el decreto de Dios. Sin embargo, muchos reyes que honraban a Dios vivieron en el reino del sur de Judá, como Ezequías y Josías. Sin embargo, la idolatría se hizo común debido a reyes malvados como Manasés.

Por ejemplo, durante el reinado del rey Sede quías, algunos sacerdotes quemaron incienso en lugares altos, construyeron altares para ídolos y participaron en la profanación del templo. Como resultado, Dios envió profetas para advertir a su pueblo que Jerusalén también sería destruida. A pesar de estas advertencias, la idolatría continuó hasta que Dios finalmente cumplió Su profecía a través del rey Nabucodonosor de Babilonia, quien los capturó y destruyó el templo.

Prendas sucias

Dios exigía que los sacerdotes vistieran ropas sagradas antes de ministrar ante Él. Como señal de su dignidad, tenían que bañarse y vestir ropas santas según lo prescrito por Dios, o de lo contrario morirían. Dios dio una descripción detallada de las vestiduras inmaculadas de los sacerdotes (Éxodo 28). Eran vestiduras sagradas para Aarón y sus hijos para el servicio.

> *"Las vestiduras tejidas también, y las vestiduras sagradas para Aarón el sacerdote, y las vestiduras de sus hijos, con las cuales ejercerán su sacerdocio." — **Éxodo 31:10***

Por lo tanto, los sacerdotes tenían que lavarse de cualquier impureza antes de vestir las vestiduras sagradas. No podían tocar nada impuro. Por ejemplo, cuando murieron los dos hijos de Aarón, Dios le ordenó que no se contaminara con sus cadáveres (Levítico 10:1-7). También, Satanás se resistió a Josué, el sumo sacerdote, porque tenía ropas inmundas. El pecado manchaba su vestimenta y lo hacía indigno ante Dios. Necesitaba ropas santas, sin manchas ni arrugas, para acercarse a Dios. Así que Satanás lo atormentó, y fue ineficaz como intercesor por Israel. Pero Dios se apiadó de él. Reprendió a Satanás y le dio a Josué un vestido nuevo (Zacarías 3:1-8). Dios también ordenó a los sacerdotes que no se contaminaran con bebidas alcohólicas.

> *"⁸Y habló Jehová a Aarón, diciendo:⁹No bebas vino ni sidra, tú, ni tus hijos contigo, cuando entréis en el tabernáculo de reunión, para que no muráis; estatuto perpetuo será por vuestras generaciones: ¹⁰Y para que hagáis diferencia entre lo santo y lo profano, y entre lo inmundo y lo limpio;" - Levítico 10:8-10*

Vida familiar impía

Dios instituyó el matrimonio como una unión para toda la vida cuando creó el mundo. El matrimonio es una unión pactada entre un hombre y una mujer. Él creó el matrimonio para proporcionar al hombre una compañera de compañía y procreación para expandir Su reino en la tierra. Dios ordena a Sus hijos ser fieles al pacto matrimonial y por eso prohibió a Israel casarse con gentiles porque los atraerían para servir a sus ídolos.

> *"Ni harás matrimonios con ellos; tu hija no darás a su hijo, ni su hija tomarás para tu hijo. ⁴Porque apartarán a tu hijo de en los de mí, para servir a dioses ajenos; así se encenderá la ira de Jehová contra ti, y te destruirá de repente." — Deut. 7:3-4*

Sin embargo, los sacerdotes de Judá maltrataron a sus esposas y se casaron con mujeres extrañas durante el tiempo de Malaquías. Eran fraudulentos, engañosos, ofensivos, abusivos, y su pacto de matrimonio por la violencia. Por lo tanto, Dios rechazó sus oraciones y sacrificios (Malaquías 2:1-16).

> *"[12]El SEÑOR cortará de los tabernáculos de Jacob al hombre que hiciere esto, al maestro y al erudito, y al que ofreciere ofrenda al SEÑOR de los ejércitos. [13]Y esto habéis vuelto a hacer, cubriendo el altar de Jehová con lágrimas, con llanto y con clamor, de tal manera que él no mira más la ofrenda, ni la recibe de buena voluntad de vuestra mano. [14]Y vosotros decís: ¿Por qué? Porque Jehová ha sido testigo entre ti y la mujer de tu juventud, contra la cual hiciste traición; con todo, ella es tu compañera, y la mujer de tu pacto."* — **Malaquías 2:11-14**

Del mismo modo, después de que Judá regresara a Jerusalén desde Babilonia, algunos sacerdotes y levitas se contaminaron casándose con gentiles. Sin embargo, Esdras se interpuso y llevó al pueblo a arrepentirse de sus malos caminos. Por lo tanto, los que se casaron con gentiles los despidieron (Esdras 9:1-2).

En segundo lugar, Dios ordenó a los israelitas que enseñaran a sus hijos Sus leyes, para que anduvieran en Sus caminos. Dios alabó a Abraham porque guiaría a sus hijos y a su casa por los caminos del Señor (Génesis 18:19). Abraham no sólo guardó los mandamientos, sino que también enseñó a su familia a hacerlo. Dios también dijo que los sacerdotes cuyas hijas viven vidas impías contaminan a sus padres (Levítico 21:9).

"6Y estas palabras que yo te mando hoy, estarán en tu corazón: 7Y las enseñarás diligentemente a tus hijos, y hablarás de ellas estando en tu casa, y andando por el camino, y al acostarte, y cuando te levantes." — **Deuteronomio 6:6-7.**

Sin embargo, los hijos de algunos sacerdotes llevaron una vida impía. Por ejemplo, Elí era el sumo sacerdote de Silo, pero sus hijos pervirtieron las leyes de Dios y se rebelaron contra Él. Tomaron las ofrendas y sacrificios destinados a Dios para su propio beneficio y cometieron inmoralidad sexual con mujeres en el Templo, pero Elí no logró mantenerlos bajo control. Así, Elí murió con sus dos hijos, y Dios le quitó el sacerdocio de su casa. Dios castigó a Elí y a sus dos hijos por profanar los vasos sagrados del Templo (1 Sam 2:22-36). Del mismo modo, Samuel nombró a sus hijos Abías y Joel jueces de Israel cuando él envejeció. Sin embargo, no siguieron sus caminos, sino que pervirtieron la justicia y aceptaron sobornos. Samuel fue un intercesor exitoso para Israel, pero sus hijos desobedientes no siguieron su ejemplo. Así que el pueblo pidió un rey que los gobernara (1 Samuel 8:1-22).

Recipientes contaminados

El Templo de Dios tenía una variedad de vasijas hechas de oro, plata, latón y cobre. Estos vasos sagrados contenían aceite, cenizas, especias, ungüentos preciosos, pan y otros artículos que los sacerdotes utilizaban en la realización de los servicios ministeriales diarios y estacionales.

Por lo tanto, estos recipientes eran sagrados para el Señor, y Él permitía que sólo los sacerdotes y levitas manejaran estos objetos sagrados. Sin embargo, algunos reyes de Judá despreciaron los vasos sagrados, en contra de las leyes. No mostraron ninguna diferencia entre lo sagrado y lo profano. Así, profanaron los recipientes sagrados, y Dios los castigó. Por ejemplo, el rey Acaz de Judá profanó los vasos, y Dios lo entregó a manos de sus enemigos.

> *"24Y recogió Acaz los utensilios de la casa de Dios, y cortó en pedazos los utensilios de la casa de Dios, y cerró las puertas de la casa del SEÑOR, y le hizo altares en todos los rincones de Jerusalén. 25Y en cada una de las ciudades de Judá hizo lugares altos para quemar incienso a dioses ajenos, y provocó la ira al SEÑOR Dios de sus padres."* — **2 Crónicas 28:24, 25**

Posteriormente, los vasos del templo acabaron en Babilonia tras la invasión de Jerusalén por Nabucodonosor y la destrucción del templo (Daniel 1:1-2). Sin embargo, Dios castigó al rey Belsasar de Babilonia por utilizar los vasos sagrados como copas para beber en su fiesta.

El rey y su séquito alababan a los dioses del oro y la plata, el bronce, el hierro, la madera y la piedra mientras utilizaban estos vasos sagrados. En consecuencia, el Rey fue derrocado por el Rey Darío esa noche. Más tarde, el rey Ciro, sucesor de Darío, entregó los vasos a Zorobabel para que los enviara de vuelta a Jerusalén.

Sacrificio indigno

Dios exigía sacrificios y ofrendas perfectos. Por lo tanto, Él tenía leyes y requisitos específicos para los animales aceptables para el sacrificio y los productos frescos para las ofrendas. Los sacerdotes ofrecían sacrificios de animales para expiar los pecados del pueblo. Debían traer animales inmaculados para el sacrificio, pero algunos deshonraron a Dios y trajeron animales enfermos y pan contaminado (Malaquías 1:6-8).

"No sacrificarás al Señor, tu Dios, un buey o una oveja que tenga una mancha o cualquier defecto, porque eso es algo detestable para el Señor, tu Dios." — **Deuteronomio 17:1**

Por lo tanto, Dios detestaba sus sacrificios. Comparó lo que le ofrecían a Él y lo que daban a sus líderes. Condenó a los israelitas por su falta de respeto.

"'Cuando ofrecéis animales ciegos en sacrificio, ¿no es eso malo? Y cuando ofreces a los que están cojos o enfermos, ¿no es eso malo? Presentad eso a vuestro gobernador; ¿os aceptará o os mostrará favor?' dice el SEÑOR de los ejércitos." — **Malaquías 1:8**

Dios es digno de lo mejor de nosotros en nuestras ofrendas y sacrificios. Malaquías advirtió contra el trato despectivo de los sacrificios y las ofrendas. También advirtió que Dios rechaza tales sacrificios sin una bendición. Es importante adorar, pero es esencial hacerlo de acuerdo con Sus leyes.

Malos tratos a los más desfavorecidos

Dios ordenó a los sacerdotes que fueran justos sin discriminar a los pobres, especialmente al dictar sentencia. También les dijo que cuidaran de los pobres, los extranjeros, los huérfanos y las viudas (Levítico 25:47-48; Deuteronomio 10:18).

- "No perviertas la justicia; no muestres parcialidad con el pobre ni favoritismo con el grande, sino juzga con equidad a tu prójimo." Lev. 19:15

- "Defiende la causa del huérfano y de la viuda, y ama al extranjero, dándole comida y vestido." Deuteronomio 10:18

- *"Maldito el* que pervierta el juicio del extranjero, del huérfano y de la viuda. Y todo el pueblo dirá: Amén." — Deut. 27:19

"[11]Sus jefes juzgan por recompensa, y sus sacerdotes enseñan por salario, y sus profetas adivinan por dinero; con todo, ellos se apoyarán en Jehová, y dirán: ¿No está Jehová entre nosotros? ningún mal puede venir sobre nosotros. [12]Por eso Sión, por tu causa, será arada como un campo, y Jerusalén se convertirá en montones, y el monte de la casa como los altos del bosque." — ***Miqueas 3:11-12***

Sin embargo, algunos sacerdotes practicaban la extorsión, perpetuaban robos, maltrataban a las viudas, perseguían a los empobrecidos, oprimían a los extranjeros, negaban la justicia y mentían sobre visiones y adivinaciones. Los mandamientos de Dios van contra los que maltratan a los menos privilegiados de la sociedad. El profeta Miqueas advirtió del juicio de Dios contra Jerusalén porque los dirigentes y los sacerdotes maltrataban al pueblo.

Alianzas impías y ayuda

Dios dijo específicamente a los israelitas que no hicieran ningún pacto con los habitantes de Canaán, sino que los expulsaran por completo. Dios sabía que, si los habitantes permanecían, sus malas prácticas destruirían a Su pueblo.

> *"Entonces el Señor dijo: "Estoy haciendo un pacto contigo. Ante todo, tu pueblo haré maravillas nunca hechas en ninguna nación de todo el mundo. La gente en medio de la cual vives verá cuán asombrosa es la obra que yo, el Señor, haré por ti. Obedece lo que te ordeno hoy. Expulsaré ante ti a los amorreos, cananeos, hititas, ferezeos, heveos y jebuseos. Tengan cuidado de no hacer un tratado con los que viven en la tierra adónde van, o serán una trampa entre ustedes." — **Éxodo 34:10-12**:*

Judá tenía un solo pacto con Dios. Sin embargo, violaron el pacto cuando buscaron ayuda y protección aparte de Dios.

> *"Entonces los hombres de Israel tomaron algunas de sus provisiones; pero no pidieron consejo al Señor. Y Josué hizo paz con ellos, e hizo con ellos pacto de dejarlos vivir; y los príncipes de la congregación les juraron." — **Josué 9: 14-15**

Dios defendió a Israel cuando lo invocaron, pero algunos reyes hicieron alianzas impías y buscaron ayuda de Egipto, Damasco y otras naciones *vecinas-una* violación de la palabra de Dios que trajo consecuencias. No debemos buscar ayuda impía en tiempos difíciles porque conduce a la derrota. Va en contra de las condiciones de Dios y atrae su furia.

Profanar el sábado

Dios ordenó a los Israelitas que santificaran el sábado. Debían trabajar seis días y descansar el séptimo. Asimismo, la tierra debía descansar el séptimo año sin cultivo. Él los bendecía cuando observaban el sábado. Más tarde, tanto Israel como Judá se negaron a observar el día de reposo. Finalmente, Dios envió a Judá al cautiverio para que la tierra pudiera tener su día de reposo.

"Pero si no me escucháis para santificar el día de reposo, y para no llevar carga, entrando por las puertas de Jerusalén en día de reposo, entonces encenderé fuego en sus puertas, y consumirá los palacios de Jerusalén, y no se apagará." — ***Jeremías 17:27***

"Sin embargo, la casa de Israel se rebeló contra Mí en el desierto; no anduvieron en Mis estatutos; despreciaron Mis decretos, 'los cuales, si un hombre los cumple, vivirá por ellos; y profanaron Mis sábados. Entonces dije que derramaría Mi ira sobre ellos en el desierto, para consumirlos" — ***Ezequiel 20:13***

"[19]Y quemaron la casa de Dios, y derribaron el muro de Jerusalén, y quemaron a fuego todos sus palacios, y destruyeron todos sus vasos preciosos. [20]Y a los que habían escapado de la espada los llevaron a Babilonia, donde fueron siervos de él y de sus hijos hasta el reinado del reino de Persia:[21]para que se cumpliese la palabra de Jehová por boca de Jeremías, hasta que la tierra hubo gozado de sus sábados; porque todo el tiempo que estuvo asolada guardó sábado, hasta cumplir setenta años." — ***2 Crónicas 36:19-21***

Extorsión

Dios prohibió la extorsión y la usura excesiva para evitar la explotación de un israelita pobre, ya que la insolvencia causaba la esclavitud en Israel. Un extorsionador es culpable de apoderarse de otro mediante la contienda, la codicia y la opresión de lo que no le pertenece legítimamente. El profeta Miqueas advirtió que Jerusalén se volvería desolada porque los sacerdotes y los jueces practicaban la extorsión.

> *"11Sus jefes juzgan por dinero, sus sacerdotes enseñan por cuenta ajena, y sus profetas adivinan por dinero; pero ellos se apoyarán en Jehová, y dirán: ¿No está Jehová entre nosotros? no vendrá mal sobre nosotros. 12Por eso Sión será arada por causa de ti como un campo, y Jerusalén se convertirá en montones, y el monte de la casa como los altos del bosque."* — **Miqueas 3:11-12**

Además, Nabot tenía una viña cerca del palacio del rey Acab en la ciudad de Jezreel. Aunque Ajab deseaba adquirir la viña para su huerto, Nabot se negó a vendérsela a Ajab, ya que había heredado la tierra de sus antepasados. Enfurecida por esta decisión de Nabot, Jezabel conspiró con la gente de la ciudad de Nabot. Acusaron a Nabot de calumniar a Dios y deshonrar al rey. Por lo tanto, el pueblo lo apedreó y le dijo a Jezabel que estaba muerto. Ella envió un mensaje a Ajab comunicándole la noticia. Acab fue entonces a la viña de Nabot para apoderarse de ella (1 Re. 1-16).

Además, como advertencia contra la extorsión, Elías visitó a Ajab y profetizó su muerte y el exterminio de los descendientes de Ajab, esclavos o libres. También profetizó la muerte de Jezabel. Sin embargo, Acab se humilló ante las palabras de Elías, y Dios perdonó al rey.

Obstáculos a la intercesión en el Nuevo Testamento

Jesucristo, el intercesor supremo, cumplió todos los requisitos divinos para ser el Sumo Sacerdote eterno, a diferencia del sacerdocio levítico. Jesús obedeció plenamente los mandamientos de Dios y exhibió cualidades piadosas como el amor, la paz, la compasión, la paciencia y la obediencia en Su ministerio intercesor. Perdonó a los pecadores, sanó, liberó a los oprimidos y llevó a cabo Su intercesión final en la cruz frente a la oposición de Su pueblo. Jesús dio gracia y trató a los demás con respeto y bondad. Abandonó las ofensas, confiando en el amor de Dios. Aunque plenamente Dios y hombre, Jesús nunca pecó.

Se sometió a la voluntad de Dios para la salvación de la humanidad. Los gobernantes paganos lo declararon inocente durante su juicio, afirmando su piedad. Todos los verdaderos creyentes son ahora sacerdotes para Dios, tomando para sí la justicia de Jesús con completa devoción en temor del Señor. Jesús ha hecho un camino para todos los creyentes y nos ha enseñado cómo orar al Padre. Los creyentes son el Templo de Dios, equipados con el Espíritu Santo para llevar una vida disciplinada y santa, libre del poder del pecado. Jesús nos mostró la manera perfecta de adorar a Dios. Dijo a las samaritanas que Dios busca personas que le adoren en espíritu y en verdad, y no en el monte Sinaí o en Jerusalén (Juan 4).

> *"⁷Si permanecéis en mí, y mis palabras permanecen en vosotros, pedid lo que queráis, y os será hecho. ⁸En esto es glorificado mi Padre, en que lleváis mucho fruto; así seréis mis discípulos."* — **Juan 15:7-8**

Las actitudes depravadas afectan negativamente a nuestros servicios, y las oraciones se vuelven ineficaces. Sin embargo, cuando reconocemos y confesamos nuestros pecados con corazones arrepentidos, Dios nos libera. Jesús dijo que la desobediencia a Su palabra obstaculizaría nuestras oraciones.

Pasos para resolver los obstáculos contra los que advirtió Jesús:

1. Desobediencia

Jesús dijo que nuestras oraciones serán contestadas si obedecemos Su palabra (Juan 15). La desobediencia siempre disuade nuestras oraciones, mientras que la obediencia a la palabra de Dios nos permite acercarnos a Él según Su voluntad.

> *"⁶Si alguno no permanece en mí, como pámpano es echado fuera, y se seca; y los hombres los recogen, y los echan en el fuego, y arden. Si permanecéis en mí, y mis palabras permanecen en vosotros, pedid lo que queráis, y os será hecho." — **Juan 15:6-7***

Honramos a Dios cuando obedecemos sus mandamientos, y Él nos honra respondiendo a nuestras oraciones. La desobediencia deshonra a Dios y afecta a nuestras oraciones. Él no ve con buenos ojos actuar en contra de estas leyes y castiga a quienes lo hacen. Las Escrituras exigen que aceptemos la autoridad y la voluntad de Dios. Por eso, la desobediencia es un pecado de rebeldía, de negarse a someterse a la autoridad de alguien superior y de desconfiar de Dios. Nuestra estrecha relación con Dios nos da instrucciones personales alineadas con Su Palabra. Sin embargo, cuando tomamos decisiones que Él desaprueba, estamos desobedeciéndole y causando una ruptura en nuestra relación con Él. Somos impedidos de orar si voluntariamente rechazamos la palabra de Dios y rehusamos recibir el Espíritu Santo. La rebelión es considerada brujería por Dios. El Espíritu Santo es contristado por la rebelión, entonces Él se convierte en nuestro enemigo y comienza a pelear con nosotros. La desobediencia siempre obstaculizará nuestras oraciones, mientras que la obediencia a la palabra de Dios nos permite acercarnos a Él con peticiones de acuerdo con Su voluntad. Desobedecer a Dios nos impide pedir respuestas en contra de Su Voluntad. A veces, nuestras oraciones quedan sin respuesta, pero Dios tiene mejores planes para nosotros. Él sabe lo que hay en nuestros corazones y lo que es mejor para la vida futura de una persona.

2. Huye de la idolatría - No tendrás dioses ajenos delante de mí

Dios odia y no tolera la idolatría porque Él no compartiría Su gloria con nadie ni con nada. Adorar o estimar cualquier cosa o persona por encima de Dios es idolatría. Jesús dijo que nadie puede adorar a dos señores con sinceridad, citando a Dios y al dinero.

> *"⁶Jesús dijo: Nadie puede servir a dos señores; porque o aborrecerá a uno y amará al otro, o se aferrará a uno y despreciará al otro. No podéis servir a Dios y a las riquezas." — **Mateo 6:24***

El Nuevo Testamento advierte que ponernos a nosotros mismos, nuestras familias, posiciones, posesiones o talentos por encima de Dios viola Sus mandamientos. Del mismo modo, el amor al dinero sustituye al amor a Dios. Jesús le pidió al joven rico que vendiera todos sus bienes y se los diera a los pobres, y que luego fuera su discípulo, pero él se fue entristecido porque era muy rico. Prefirió sus riquezas a la salvación. Jesús dijo que es difícil que los que confían en las riquezas entren en el reino de Dios (Marcos 10:17:27)

> *"¹⁰El que ama a su padre o a su madre más que a mí, no es digno de mí; y el que ama a su hijo o a su hija más que a mí, no es digno de mí."* — **Mateo 10:37**

Cualquier cosa que deseamos más que a Dios resulta en idolatría, ya que reemplazan el amor de Dios en nuestros corazones. Las doctrinas impías de la iglesia y la adoración a los héroes de los líderes religiosos conducen a la idolatría. En lugar de que el Espíritu Santo nos guíe, nuestros deseos impíos se convierten en nuestra pasión porque el amor de Dios ha sido sustituido en nuestros corazones por otra cosa. La adoración genuina de Dios es exclusiva. Por lo tanto, para evitar los dioses de la riqueza y las tradiciones de los hombres, debemos amar a Dios con todo nuestro corazón y ponerlo en primer lugar en todo lo que hacemos.

3. Falta de conocimiento de la palabra de Dios

Dios responde a las oraciones según Su voluntad, y sólo Su Palabra revela Su voluntad. Por lo tanto, si no conocemos la Palabra, no conoceremos Su voluntad, y nuestras oraciones serán ineficaces. El ministerio de Jesús fue exitoso porque Él intercedió de acuerdo con Su voluntad basado en el mandamiento de Dios.

Por eso, los intercesores debemos ser estudiantes de la Palabra para poder orar según Su voluntad. Cuando Satanás tentó a Jesús, Él usó la palabra para derribar sus malvados planes. Observe que Satanás incluso citó la palabra para confundir a Jesús. Por lo tanto, si no conocemos la palabra, el diablo puede engañarnos, y podemos orar en contra de Su voluntad. Ha habido y sigue habiendo todo tipo de olas y doctrinas contrarias a la palabra. El Espíritu Santo nos ayuda a entender la palabra de Dios revelándonos verdades divinas.

> *"15Procura con diligencia presentarte a Dios aprobado, como obrero que no tiene de qué avergonzarse, que usa bien la palabra de verdad." — 2 Timoteo 2:15*

> *"14para que ya no seamos niños fluctuantes, llevados por doquiera de todo viento de doctrina, por estratagema de hombres que para engañar emplean con astucia las artimañas del error;" — Efesios 4:14*

Si somos ignorantes de la palabra de Dios, seremos engañados por doctrinas. Por ejemplo, Pablo persiguió a la iglesia, pensando que estaba sirviendo a Dios porque no sabía acerca de la salvación que Jesús ha traído a la humanidad. Siguió a los fariseos y se apegó a la ley de Moisés. Debemos meditar en Su palabra para poder orar correctamente. Escuchar a Dios correctamente conduce a la obediencia y a oraciones eficaces (Juan 5:19).

4. Incredulidad

La fe en el amor de Dios para responder a nuestras oraciones es la clave para oraciones eficaces. Dios requiere que creamos en Su bondad a través de Jesús. Por lo tanto, la incredulidad hará que nuestras oraciones no sean respondidas. Los nazarenos no creían en Jesús, por lo que no pudieron experimentar muchos milagros de Jesús (Marcos 6:1-6). Jesús les dijo a Sus discípulos que no podían liberar al niño mudo debido a su incredulidad.

"¹⁹Entonces los discípulos se acercaron aparte a Jesús, y le dijeron: ¿Por qué no pudimos echarle fuera? ²⁰Jesús les dijo: A causa de vuestra incredulidad; porque de cierto os digo que, si tuviereis fe como un grano de mostaza, diréis a este monte: Quítate de aquí a aquel lugar, y se quitará; y nada os será imposible." — **Mateo 17:19-20**

Sólo podemos aumentar nuestra fe a medida que leemos y meditamos en la palabra de Dios (Romanos 10:17). Aceptar la palabra de Dios en Cristo debe ser incondicional. Jesús se asombraba de la incredulidad de algunas personas mientras les enseñaba, incluidos algunos líderes judíos. También le cautivó lo que oyó decir al centurión que buscaba la curación: "Señor, no soy digno de que entres bajo mi techo; solamente di la palabra, y mi criado quedará sano" (Mateo 8:8-10). Sin embargo, Jesús se asombraba de la incredulidad de algunas personas cuando enseñaba en las aldeas. Advirtió que algunos líderes judíos no entrarían en el Reino porque habían renunciado en la incredulidad. Debemos vencer la incredulidad a través de la lectura diaria de la palabra de Dios. La oración es impotente sin fe. Pero Jesús dijo que, con fe, podemos manejar situaciones insuperables. No hay nada que no puedas afrontar. Santiago también dijo que, si vacilamos, no podemos recibir nada de Dios.

Deshonrar a Dios

En la Biblia, la reverencia se considera un honor y un respeto inherente. Desgraciadamente, la oración a menudo se ve obstaculizada cuando faltamos al respeto al Padre a quien oramos, al Espíritu Santo o al Hijo a través de quien oramos. Las incoherencias en nuestras vidas pueden causar esta falta de respeto. No es sorprendente que los hijos de Dios tengan dificultades para orar si no obedecen Su voluntad.

El deseo de orar se obstruye. Para desvelar tu corazón, debes creer en tu Padre celestial. Cuando careces de amor, fe y reverencia hacia Dios, tienes un corazón frío hacia Él y te falta fe en ese vasto corazón dispuesto que espera para bendecirte, pueden ahogar tus oraciones. Cuando un hombre está en comunión con el Padre Todopoderoso, y las palabras "Abba, Padre" pasan a formar parte del lenguaje, ganará el favor de Dios cuando pida con confianza en alguien en quien confía implícitamente y cuya Voluntad valora. La oración sufre más si el hombre no está en paz con Dios.

Sin Jesús, por quien oramos, si somos santurrones; si perseguimos nuestros intereses sin tener en cuenta el amor del Padre; y si seguimos a los fariseos en su complacencia, nuestras oraciones se verán obstaculizadas. Aquellos que no siguen Su ejemplo, comparten Su espíritu amoroso, y lo crucifican de nuevo y lo exponen a la vergüenza abierta serán obstaculizados en sus oraciones. No puedes alegar en la corte si has peleado con un Abogado. Tus oraciones no tienen sentido sin el último intercesor que las ofrece en tu nombre.

Lo mismo ocurre con el Espíritu Santo. El Espíritu escribe primero la oración en nuestros corazones antes de que Dios la acepte. La oración no tiene tanto que ver con nosotros como con el hecho de que Dios interceda por nosotros a través del Espíritu. Si contristamos al Espíritu, no podemos orar. Si oramos con el Espíritu, no podemos orar en contra de lo que dice la Palabra de Dios. Palabra de Dios. Lo hacemos porque nuestras súplicas van en contra de la naturaleza amorosa del Espíritu. El divino Consolador debe estar al frente de tu mente. Si Él no está al frente de su mente, Él le sonará mudo. Él no le ayudará a orar si usted no se somete a Él en otras áreas de su vida.

> *"Entonces el Señor dijo: Porque este pueblo se acerca con sus palabras y me honra de boquilla, Pero aleja de mí su corazón, Y su reverencia hacia mí consiste en tradición aprendida por el hombre." —* **Isaías 29:11**

Por lo tanto, no podemos jugar con el acercamiento al Propiciatorio o hacer un punto para servir al pecado. "Pedís y no recibís porque pedís mal, para consumirlo en vuestras concupiscencias". Sin nuestra cooperación, Él no puede caminar en armonía con nosotros. En los problemas, las escrituras imploran a los cristianos a tomar el camino correcto y hacer lo que es correcto.

Debemos soportarlo con valentía y luego rogar a Dios: "Señor, por Tu gracia, he elegido ese camino recto y honesto, ayúdame ahora", y Él lo hará. Como cristianos, rezo para que Dios nos conceda la gracia de caminar con Él en el poder.

Debemos descansar sólo en Jesús, y que Él nos dé poder para orar. Los hijos de Dios, que saben orar poderosamente, pueden ser uno con el corazón de Dios y son las manos de Dios actuando entre ellos. Dios está presente en ellos. El Señor, sin embargo, es celoso con los que más le aman; por eso, debe observar cautela y vigilar. Vivir humildemente y acercarse a Dios con humildad no pondrá obstáculos a sus oraciones.

Pecado no confesado

Dios es santo y no puede contemplar el pecado. El pecado no confesado entristece al Espíritu Santo y obstaculiza nuestras oraciones. El Dios misericordioso sabe que somos falibles, y por eso ha hecho provisiones para que nos arrepintamos cuando pecamos. Jesús pagó por nuestros pecados, y por eso Dios nos perdonará cuando le confesemos nuestros pecados. Por lo tanto, debemos arrepentirnos rápidamente y pedir perdón cuando flaqueamos. Sólo el verdadero arrepentimiento puede restaurar nuestra comunión con Dios. Cuando confesamos nuestros pecados en oración a nuestro Padre Celestial, Él nos perdona y nos limpia para evitar obstáculos en nuestra comunión con Él. Jesús dijo a la iglesia de Éfeso que se arrepintiera de sus defectos, o de lo contrario les quitaría el candelabro (Apocalipsis 2:5).

> *"14Porque si perdonáis a los hombres sus ofensas, os perdonará también a vosotros vuestro Padre celestial: Pero si no perdonáis a los hombres sus ofensas, tampoco vuestro Padre os perdonará vuestras ofensas." — **Mateo 6:14-15***

Además, Jesús dijo que, si no perdonamos a los demás sus pecados, Dios no nos perdonará a nosotros. Nuestra oración es infructuosa a menos que perdonemos a los demás. Jesús perdonó a todos los que le hicieron daño. Debemos elegir perdonar a otros y no guardar resentimiento en nuestros corazones, así como Dios nos ha perdonado. No permita que Satanás lo mantenga en la esclavitud de la amargura y el resentimiento. Perdona a otros sin importar su respuesta hacia ti.

Tu ejemplo piadoso hace que otros sean conscientes de la gracia y la misericordia de Dios. Perdonar a los demás te libera del dolor y cierra las puertas al enemigo en tu vida. Nuestra oración es infructuosa si no perdonamos a los demás. Abrimos puertas espirituales y permitimos que los demonios nos acosen. La contaminación espiritual trae destrucción. También atrae el castigo y la desolación de Dios.

Sin perdón

La falta de perdón contrista a Dios e impide la respuesta a las oraciones. Cuando alguien te hiere o te traiciona, rompe tu confianza o te causa un intenso dolor emocional, no puedes liberar a esa persona. Es un pecado que causa amargura y destruye nuestras vidas. Cuando confesamos nuestros pecados en oración a nuestro Padre Celestial, Él nos perdona y nos limpia para evitar que obstaculicen nuestra comunión con Él. Nuestra oración es infructuosa si no perdonamos a los demás.

La necesidad de salvación es una transacción gloriosa de todos nuestros pecados puestos sobre Jesús. Es un engaño después de la salvación y no la verdad decir que no tenemos pecado (1 Juan 1:8). Jesús todavía odia el pecado en nosotros. Si nuestro pecado no es perdonado ni limpiado diariamente, nuestra súplica es bloqueada ya que debemos ser santos para acercarnos a Dios. Afligir al Espíritu Santo mancha nuestro testimonio. Jesús advirtió contra la falta de perdón para que podamos ser limpiados diariamente con la renovación de la comunión y la plenitud del Espíritu Santo. Así, no podemos vivir sin la confesión del pecado.

Vivimos en un mundo de suciedad, por lo que la confesión diaria de impureza es necesaria para la plenitud como hijos de Dios. Sin embargo, la falta de perdón impide que nuestras oraciones sean escuchadas. Un pecado terrible es negarse a perdonar a los demás, guardar rencor o albergar odio hacia otros. Además, el perdón sin fe lleva a perder la comunión con Dios y a romper las relaciones con las personas. Debemos humillarnos para perdonar a otro (1 Pedro 3:7). El hecho de no tratar a la esposa con amor y cuidado obstaculizará la oración de intercesión. Lo mismo se aplica a las esposas que no honran a sus maridos. La única manera de superar nuestros pecados es confesarlos a Dios. Dios no se complace en quienes se aferran obstinadamente a las ofensas. Los obstáculos a la oración pueden emanar de las relaciones rotas entre padres, maridos, esposas e hijos en la familia.

Además, Jesús advierte a Pedro, a los demás discípulos y a los creyentes sobre la falta de perdón a los demás (Mateo 18). Añadió que Dios entregará a sus hijos en manos de atormentadores. Los dejará sufrir en la miseria con oraciones obstruidas y los someterá a los tormentos del alma. Los creyentes amargados hicieron naufragar sus vidas, en peligro de sufrir terribles consecuencias. El perdón debe salir de nuestros corazones como Jesús perdonó y oró por las personas que lo crucificaron y se burlaron de Él mientras moría, sin embargo, oró: "Padre, perdónalos, porque no saben lo que hacen". La Biblia advierte: "Pero si no perdonáis, tampoco vuestro Padre que está en los cielos os perdonará vuestras ofensas" (Marcos 11:25-26). Debemos perdonar y enmendar.

La falta de perdón en el corazón es el muro de los pecados ante Dios, y la oración no puede atravesarlo hasta que perdonemos a los demás. Así que, escudriña tu corazón diariamente antes de la puesta del sol para juzgar cada rencor de falta de perdón y confiésalo a Dios y arrepiéntete. Dios lo sacará y lo limpiará para ser perdonado. Libera a otros de la deuda contraída para eliminar la cuña entre la otra persona y Dios y nosotros. Finalmente, la falta de perdón es una rebelión de no liberar a otras personas, atormentadora y destructiva, que puede convertirse en fortalezas y blancos para que el enemigo destruya nuestras vidas. Por lo tanto, el reto es buscar y examinar nuestras vidas de amargura, perdonar, orar y pedir a Dios que revele cualquier daño pasado y el rechazo de los demás y pedirle que te pierda de ella.

Los intercesores deben optar por perdonar a los demás, como Dios les ha perdonado a ellos, y afrontar las ofensas con el perdón, en lugar de guardar resentimiento en el corazón. Ofrece perdón a los ofensores y deja el resto a Dios, ya que las heridas del pasado nunca escaparán a la vista del Señor. No permita que Satanás lo mantenga en la esclavitud de la falta de perdón.

Vida familiar impía

Dios formó al hombre y a la mujer y les dio una familia para bendecir al mundo. También los bendice con su progenie. Él ordena a los maridos los hombres a amar y honrar a sus esposas, como Cristo amó a la iglesia y murió por ella. Como el precioso vaso débil y delicado regalo, los hombres deben conocer profundamente a sus esposas y vivir con ellas, entendiendo a sus esposas. Un esposo debe ser un ejemplo para su esposa y criar a sus hijos de una manera piadosa.

También ordena a las esposas que se sometan a sus maridos como la iglesia a Cristo. Jesús advirtió que el divorcio nunca formó parte del plan de Dios para el matrimonio. María estaba llena de fe, humildad y devoción. Rut tenía una actitud de humildad. Isabel estaba llena del Espíritu Santo. Priscila era hospitalaria y le apasionaba ayudar a los demás. A los hijos también se les ordena obedecer a sus padres en el Señor, con la promesa de prosperidad y larga vida en la tierra.

Sin embargo, la vida familiar impía viola las instrucciones de Cristo para la vida doméstica y obstaculiza las oraciones. La desarmonía en el hogar contrista a Dios. Por lo tanto, las parejas también deben someterse el uno al otro con honor, así como los esposos guían a sus esposas.

Cuando el marido descuida sus deberes hacia la compañera más débil y carece de apoyo, compasión y comprensión hacia su esposa, viola las leyes de Dios. Un marido tan negligente, sacerdote e intercesor del hogar, encontrará sus oraciones sin respuesta. Del mismo modo, la falta de honor de la esposa puede obstaculizar las oraciones. Maridos y cabeza de familia evitad comprometer vuestro liderazgo con racionalizaciones inadecuadas. Esposos y esposas deben reconciliarse rápidamente, ya que a Dios no le gustan las contiendas. Así, debemos aconsejar a los hijos que se rebelan contra sus padres, ya que la rebelión aparta el rostro de Dios (Mateo 5:23).

> *"Vosotros, maridos, igualmente, vivid con ellas según ciencia, dando honor a la mujer como a vaso más frágil, y como a coherederas de la gracia de la vida; para que vuestras oraciones no tengan estorbo." — 1 Pedro 3:7*

Sin embargo, el compañero de ayuda puede parecer el que la soporta. Pero si hay una crisis, es el hombre quien debe ayudar, o de lo contrario le están robando sus bendiciones. Los hombres deben cumplir con su responsabilidad como cabezas de sus casas. Son más eficaces cuando se les lleva al límite. Sin embargo, mantienen una presencia permanente y amorosa en sus vidas apoyando a su esposa y proveyendo vigilancia y disciplina apropiadas para sus hijos (Proverbios 31:10-12). Los hombres deben practicar una conducta recta frente a los demás. Si dejas que Dios sea tu deleite, Él te dará lo que deseas (Salmo 37:4). Tampoco debes fingir ser algo que no eres. Debemos actuar basándonos en lo que creemos. Los intercesores deben ser buenos administradores del bienestar espiritual, emocional y físico de su familia, incluidos los niños que Dios ha confiado a su cuidado. Los hijos de los sacerdotes no deben participar en ninguna inmundicia. A menos que guíes a tu familia diariamente en la Palabra, no producirás buenos frutos sino espinos. Si alguien oye la Palabra, pero no la pone en práctica, es como un hombre que se mira en un espejo. Pues una vez que lo ha hecho y se ha ido, olvida inmediatamente quién es. Sin embargo, cuando seguimos la ley perfecta, la ley de la libertad, seremos bendecidos, no olvidando lo que hemos oído, sino actuando según la ley. Debemos actuar basándonos en lo que creemos. Los miembros de la familia con deberes de intercesión deben ser buenos administradores del bienestar espiritual, emocional y físico de su familia, incluidos los niños que Dios ha confiado a su cuidado. Los hijos de los sacerdotes no deben participar en ninguna inmundicia.

Delitos

Las ofensas llegan cuando nos enfrentamos a persecuciones y pruebas a causa de la palabra de Dios, lo que conduce a la falta de fruto (Marcos 4:17). Por ejemplo, Juan el Bautista se sintió ofendido y cuestionó a Jesús después de que Herodes lo encarcelara. Jesús advirtió que vendrían aflicciones, pero no debemos ofendernos. Jesús nunca se enfadó ni se resintió por un insulto, una violación o un desprecio percibidos hacia sus normas o principios.

Los que le rodeaban no podían ofenderle, pero Él se centraba en lo que Dios pensaba de él. Pasaba por alto las faltas al tener compasión de la gente. Sufrió mientras predicaba el Evangelio. Pasó por alto las faltas y se enfocó en Su misión en la tierra. Jesús no hizo muchos milagros en Galilea porque la gente se ofendía y cuestionaba de dónde sacaba Jesús Su autoridad ya que conocían a Sus padres (Mateo 13:54-58). Cuando los romanos arrestaron a Jesús, muchos discípulos se ofendieron y huyeron de Él. En la parábola del sembrador, Jesús enseñó que la ofensa a causa de la persecución nos hará infructuosos en el reino de Dios. Los intercesores deben cultivar y mantener un corazón imperturbable para superar las ofensas.

> *"Sin embargo, no tiene raíz en sí mismo, sino que dura por un tiempo; porque cuando surge la tribulación o la persecución a causa de la palabra, de vez en cuando se ofende."* — **Mateo 13:21**

Por desgracia, la ofensa ha ganado ascendencia, arrasando en la sociedad. Como adultos conscientes y maduros, nuestros corazones no deben ofenderse fácilmente. Nuestro amor por nosotros mismos no debe ser más importante que nuestro amor por los demás. Los intercesores deben cultivar y mantener un corazón imperturbable para evitar muchos de los engaños del enemigo. Para cumplir nuestra misión divina, debemos llegar a la unidad de la fe con humildad y reconciliación. El amor no es susceptible ni se deja provocar fácilmente por la ira. Por lo tanto, no tenemos que ser rápidos para discutir y defendernos, rápidos para enojarnos, herirnos fácilmente y resentirnos.

"3Mirad por vosotros mismos: Si tu hermano te ofende, repréndele; y si se arrepiente, perdónale. 4Y si siete veces al día te ofendiere, y siete veces al día volviere a ti, diciendo: Me arrepiento; tú le perdonarás." — **Lucas 17:3-4**

Extorsión

Jesús nunca actuó ni obtuvo el dinero o la propiedad de otro mediante el engaño, la fuerza, el fraude, la falsificación, la intimidación, la amenaza o la opresión. No se aprovechó de los pobres, los ignorantes, los inocentes, los incautos y, a veces, incluso de familiares y amigos para conseguir más y más. Jesús nos condena como culpables de explotarnos unos a otros y prohíbe todo tipo de robo y fraude. La extorsión era frecuente en Su tiempo, como Zaqueo. Jesús advirtió y dijo,

> *"¡Ay de vosotros, escribas y fariseos, hipócritas! porque limpiáis el exterior de la copa y del plato, pero por dentro están llenos de extorsión y de excesos."* - **Mateo 23:25**

Simón de Samaria ofreció dinero a Pedro por la investidura del Espíritu Santo, pero Pedro le advirtió que el don del Espíritu Santo no estaba en venta. Pedro instó además a Simón a que se arrepintiera de esta mala intención para que Dios le perdonara (Hechos 8:5-24). Por lo tanto, los intercesores no debemos comercializar los dones que Dios nos ha concedido gratuitamente para el servicio de la humanidad. Debemos servir de buena gana, y Dios suplirá todas nuestras necesidades.

Impaciencia

Dios responde a las oraciones según su voluntad y su tiempo. No podemos obligar a Dios a satisfacer nuestros deseos. Por lo tanto, debemos seguir la guía de Dios y esperar pacientemente a que Él responda a nuestras oraciones. La impaciencia nos hará murmurar o buscar preguntas sin respuesta. Debemos orar y dejar el resto en las manos de Dios, creyendo que Él nos responderá en Su tiempo perfecto. El diablo le ofreció a Jesús un atajo para cumplir Su mandato en la tierra, pero Él lo rechazó y soportó pacientemente la cruz para cumplir la voluntad de Dios para la humanidad. De la misma manera, el diablo te ofrecerá un atajo si eres impaciente.

> *"⁸Otra vez le lleva el diablo a un monte muy alto, y le muestra todos los reinos del mundo, y la gloria de ellos;⁹y le dice: Todo esto te daré, si postrado me adorares. ¹⁰Entonces Jesús le dijo: Vete, Satanás, porque escrito está: Al Señor tu Dios adorarás, y a él solo servirás. ¹¹Entonces el diablo le dejó, y he aquí vinieron ángeles y le servían."* — **Mateo 4:8-11**

Jesús también ilustró la importancia de la paciencia y la persistencia en la siguiente parábola:

> *"¹Y les refirió una parábola para que los hombres orasen siempre, y no desmayasen;²diciendo: Había en una ciudad un juez que no temía a Dios ni miraba a los hombres: ³Y había en aquella ciudad una viuda, la cual vino a él, diciendo: Hazme justicia de mi adversario. ⁴Y él no quiso por un tiempo; pero después dijo dentro de sí: Aunque no temo a Dios, ni tengo respeto a los hombres;⁵ Pero porque esta viuda me ha molestado, la vengaré, no sea que por sus*

continuas venidas me canse me canse. ⁶Y el Señor dijo: Oye lo que dice el juez injusto. ⁷¿No vengará Dios a sus escogidos, que claman a él día y noche, aunque los soporta mucho tiempo? ⁸Yo os digo que los vengará pronto. Sin embargo, cuando venga el Hijo del hombre, ¿encontrará fe en la tierra?" — **Lucas 18:1-8**

En conclusión:

Los intercesores deben evitar todo lo que impida sus oraciones, como la idolatría, la desobediencia, la incredulidad la extorsión, la vida familiar impía, la impaciencia, las ofensas y el pecado no confesado. Algunos de los sacerdotes del Antiguo Testamento no mostraban reverencia a Dios ofreciendo sacrificios imperfectos y maltratando a sus esposas y a los menos privilegiados de su entorno, por lo que no eran intercesores eficaces.

Sin embargo, en el Nuevo Testamento, Jesús, el máximo intercesor, obedeció a Dios y recibió respuestas a sus oraciones. Jesús advirtió a Sus discípulos sobre los pecados condenables como la incredulidad, la ofensa y muchos otros que hacen que las oraciones no sean respondidas. Por lo tanto, estos impedimentos identificados deben ser confesados y eliminados.

En el siguiente capítulo, aprendemos que Jesús dirigió el máximo renacimiento de la humanidad cuando pagó por nuestros pecados y reconcilió nuestros corazones con Dios. Nos dio Su justicia por nuestro devoto servicio a Dios y encomendó a los creyentes que continuaran el ministerio de intercesión y reconciliación para salvar a las almas perdidas.

6

Revivamos de Nuevo

La razón principal de la intercesión es el avivamiento. El avivamiento definitivo fue la restauración sobrenatural de la comunión Dios-hombre con el derramamiento del espíritu de Dios sobre el hombre.

La caída en el jardín del Edén trajo la muerte espiritual. Así, Dios inició la intercesión para restaurar las almas perdidas de la humanidad pecadora. Él da las condiciones y las escrituras específicas para regenerar el alma. El esfuerzo propio no puede ayudar; cada paso debe depender de Él. Dios usualmente usa vasos escogidos ungidos para guiar a la gente al arrepentimiento y al avivamiento. Por ejemplo, bajo el Antiguo Pacto, Él usó profetas y sacerdotes para predicar arrepentimiento para el avivamiento en Israel. Sin embargo, estos avivamientos duraban poco porque el pueblo volvía a su maldad después de disfrutar de la libertad. Usualmente lo hacían después de que el intercesor moría.

> *"Porque tanto amó Dios al mundo, que dio a su Hijo unigénito, para que todo el que crea en él no se pierda, sino que tenga vida eterna." — **Juan 3:16***

A la hora señalada, Jesús dirigió el máximo renacimiento de la humanidad cuando pagó por nuestros pecados y reconcilió nuestros corazones con Dios. Nos dio Su justicia y nos dio el poder del Espíritu Santo para nuestro servicio devoto a Dios. Jesús también encomendó a los creyentes que continuaran el ministerio de intercesión para revivir y salvar a las almas perdidas.

Renacimientos en el Antiguo Testamento

La decadencia espiritual y la futilidad precedieron a la mayoría de los avivamientos en el Antiguo Testamento. El pueblo de Dios tenía un pacto condicional con Él para servirle sólo a Él. Sin embargo, después del tiempo de Moisés y Josué, Israel fue infiel a Dios. Los sacerdotes levitas fallaron como intercesores, por lo que Israel cayó más profundamente en el pecado y se rebeló contra las leyes de Dios adorando ídolos. Además, Israel sacrificó a sus hijos a estos dioses.

A menudo mezclaban el servicio piadoso con el impío en busca de prosperidad y comodidad. Por lo tanto, se enfrentaron a desafíos; el hambre destruyó sus riquezas, y los filisteos, madianitas, asirios y babilonios los conquistaron.

Así, Israel se encontró con la decadencia espiritual, la oscuridad moral y la miseria, mientras Dios retiraba su presencia y los dispersaba entre las naciones. Sin embargo, el Señor misericordioso envió profetas y jueces como Samuel, Otoniel, Aod, Samgar, Débora, Barac, Joel, Nehemías y Elías para interceder por el resurgimiento de Israel. Los llevaron a arrepentirse de sus pecados, restaurando el culto y la prosperidad. Dios les dio el modelo que trajo el avivamiento a Su pueblo.

*"¹³Si yo cerrare el cielo para que no llueva, o si mandare a la langosta que devore la tierra, o si enviare pestilencia entre mi pueblo;¹⁴Si mi pueblo, sobre el cual mi nombre es invocado, se humillare, y orare, y buscare mi rostro, y se convirtiere de sus malos caminos; entonces yo oiré desde los cielos, y perdonaré sus pecados, y sanaré su tierra." — **2 Crónicas 7:14**

Así, la intercesión del Antiguo Testamento para el resurgimiento incluía el arrepentimiento y la confesión del pecado, el ayuno, la destrucción de los ídolos, la purificación, la reeducación del templo y de los vasos sagrados, y el compromiso de rendir culto devotamente. Entonces, Dios escucha, perdona y sana, restaurando la alegría y la prosperidad.

Confesión y arrepentimiento

La palabra de Dios ordena una confesión de pecado y un reconocimiento a Dios y al prójimo contra el que hemos pecado. Es una parte esencial de nuestro caminar con Dios como seres humanos. Dios exige que seamos conscientes de nuestros pecados como seres humanos falibles, que nos apartemos de ellos y que mejoremos con Su ayuda (Levítico 16:21; Nehemías 9; Esdras 9:5-15; Daniel 9:3-12).

El pecado es la única barrera que separa al hombre de Dios. Así que, cuando Dios hizo un pacto con Israel, también les mostró el camino al avivamiento cuando desobedecieron. Dios dijo que el arrepentimiento verdadero es el primer paso para el avivamiento. Así que reveló los pecados del pueblo a los intercesores y los guio al arrepentimiento. Por ejemplo, Dios le dijo a Joel por qué el gusano y la oruga se habían comido sus bendiciones, y les mostró el camino de la restauración. Cuando confesaron sus pecados, Dios los restauró. Además, los intercesores proclamaban las leyes de Dios al pueblo y lo llevaban al arrepentimiento. Por ejemplo, cuando Esdras leyó las leyes al pueblo, éste reconoció y confesó sus pecados mientras lloraba.

> *"Si yo cerrare el cielo para que no llueva, o si mandare a las langostas devorar la tierra, o si enviare pestilencia entre mi pueblo; Si mi pueblo, sobre el cual mi nombre es invocado, se humillare, y orare, y buscare mi rostro, y se convirtiere de sus malos caminos; entonces yo oiré desde los cielos, y perdonaré sus pecados, y sanaré su tierra."* — ***2 Crónicas 7:13-14***

Así, con el conocimiento de las leyes, los intercesores definían la violación específica, dirigían la confesión, apelaban a la misericordia de Dios y ponían fin a sus malos caminos. Entonces, el pueblo se rendía al Dios Soberano y obedecía sus mandamientos.

Oración y ayuno

En el Antiguo Testamento, la oración y el ayuno formaban parte del proceso de avivamiento. Por ejemplo, Dios hizo obligatorio el ayuno en el Día de la Expiación, un día en que el sumo sacerdote se ponía en la brecha por la misericordia de Dios para Israel. Del mismo modo, todos los avivamientos dirigidos por reyes, jueces, sacerdotes y profetas implicaban ayunos. Por ejemplo, Daniel ayunó mientras oraba por la restauración de Israel del cautiverio. Asimismo, Dios le dijo a Joel que declarara un ayuno cuando sus enemigos destruyeran sus cosechas y propiedades.

"También el día diez de este mes séptimo habrá un día de expiación: será una santa convocación para vosotros; y afligiréis vuestras almas, y ofreceréis una ofrenda encendida al SEÑOR." —
Levítico 23:27

Además, Dios dijo a los israelitas que mostraran misericordia a los pobres durante el ayuno, para que Él respondiera a sus oraciones (Joel 1:14).

"⁶¿No es éste el ayuno que he escogido? desatar las ligaduras de la maldad, deshacer las cargas pesadas, dejar libres a los oprimidos y romper todo yugo? ⁷¿No es repartir tu pan al hambriento, y traer a tu casa a los pobres desechados; cuando veas al desnudo, que lo cubras, y no te escondas de tu propia carne? ⁸Entonces nacerá tu luz como el alba, y tu salud brotará presto; y tu justicia irá delante de ti; la gloria de Jehová será tu recompensa." — *Isaías 58:6-8*

Debemos reconocer la soberanía de Dios dedicando temporadas de ayuno y oración para humillarnos ante Dios. También debemos confesar nuestros pecados y depender de Dios para que nos restaure durante el ayuno. La corrupción por nuestros pecados nos hace impuros, y toda nuestra justicia se vuelve inmunda. Así, Él esconde Su rostro de nosotros a causa de nuestras iniquidades. Así, nos marchitamos como hojas, y nuestras iniquidades, como el viento, se nos han llevado. Por eso, debemos invocar a Dios para que se agite y se apodere de nosotros. Él promete que "nuestra luz nacerá como la mañana, y nuestra salud brotará pronto; y nuestra justicia irá delante de nosotros; su gloria será nuestra recompensa". (Isaías 58:6-8).

Destrucción de ídolos

Adorar cualquier cosa que no sea Dios es idolatría. Lleva a la contaminación y le quita Su gloria. Así, cuando la serpiente engañó a Eva, tentándola a ser como Dios, la pareja se contaminó, perdió la gloria de Dios y quedó desnuda. También, Dios le dijo a Jacob que destruyera todos los ídolos en su casa antes de la restauración. Más aún, el primer mandamiento de los Diez que Dios dio a Israel fue:

"No tendrás dioses ajenos delante de Mí."

El primer pecado que cometieron los israelitas fue la idolatría en el monte Sinaí. Como resultado, Moisés destruyó el becerro de oro y pidió la misericordia de Dios para el pueblo. Dios siempre ordenó a su pueblo que se limpiara de ídolos antes de visitarlo (Génesis 35:2). El Dios santo no puede morar con la inmundicia. Por eso, la presencia de Dios abandonaba el Templo cuando Israel introducía ídolos en el santuario. Por lo tanto, los intercesores dirigieron la limpieza del Templo para restaurar la verdadera adoración.

Reyes piadosos como Ezequías y Josías dirigieron a Israel para librar al Templo de los ídolos (2 Crónicas 29:3-31:21; 2 Reyes 22-23). También hay constancia de la limpieza del Templo por Nehemías (Nehemías 13:4-14), y la de Josías (2 Reyes 22-23). Los ídolos profanaban el Templo y hacían mal uso de los vasos sagrados, por lo que era obligatoria la purificación. En Israel depusieron a los sacerdotes idólatras y sus altares para centrarse en Dios.

Rededicación

Israel construyó el Tabernáculo y el Templo y dedicó estos lugares sagrados de culto a Dios. Se convirtieron en una identidad nacional para el antiguo Israel. Sin embargo, la presencia de Dios abandonó el edificio cuando adoraron ídolos, algo contrario a las leyes de la alianza. Para que los reavivamientos restauraran el auténtico culto a Dios, los sacerdotes piadosos limpiaban el santuario y lo volvían a dedicar a Dios. También se rededicaban ellos mismos al Señor.

> *"Y en la dedicación del muro de Jerusalén buscaron a los levitas de todos sus lugares, para traerlos a Jerusalén, para celebrar la dedicación con alegría, con acciones de gracias y con cánticos, con címbalos, salterios y arpas."* — **Nehemías 12:27**

> *"Y se purificaron los sacerdotes y los levitas, y purificaron al pueblo, las puertas y la muralla."* — **Neh. 12:30**

Tras la rededicación del Templo, los sacerdotes condujeron al pueblo a reanudar el culto con sacrificios y ofrendas diarias y estacionales, que atraían la presencia de Dios. De este modo, el renacimiento restableció las ofrendas y sacrificios exigidos por la ley. El arrepentimiento y la consagración a Dios condujeron a una adoración genuina y de todo corazón al Dios vivo. La adoración genuina restauró su relación con Dios.

Recompensa

Entonces Dios escuchó sus plegarias y se apiadó de ellos. Los perdonó y los limpió de sus pecados, restaurando su tierra. Dios los protegió de la destrucción y les devolvió la alegría. La salvación y la justicia de Dios trajeron alegría a través de la reconciliación de su relación. La restauración requiere el favor, el perdón y la paciencia de Dios. Dios creó al hombre a Su semejanza. Le dotó de cualidades vitales de armonía. Sin embargo, la Caída y sus consecuencias pervirtieron estos dones. El pecado arruinó la relación entre Dios y el hombre. El pecado siempre trajo separación, miseria, dolor y destrucción al hombre. Dios inició el plan de salvación para restaurar y dar a la humanidad un período de prueba para conformarse a Su imagen. La ley de Dios abarca todas las dimensiones de la vida. Ordena a todos los hombres que se acuerden de Él y fomenten relaciones sanas. Dios promete una vida de paz, plenitud y felicidad a quienes sigan Sus leyes.

Ejemplos de renacimientos en el Antiguo Testamento

- Moisés e Israel - Éxodo 4:18-31
- Débora - Jueces 4-5
- Gedeón - Jueces 6
- Sansón - Jueces 13:1-16
- Samuel e Israel - 1 Sam 7:1-13
- El rey David e Israel - 2 Sam 24:1-25
- Rey Salomón - 2 Crónicas 6
- Joás y Josías - 2 Crónicas 34-35
- Jonás y Nínive - Jonás 1-4
- Ezequías - 2 Crónicas 29-31
- Esdras - 5-6
- Nehemías - 8-10
- Daniel 9

Moisés y el renacimiento de Israel

Después de que Dios liberara a los israelitas de Egipto, acamparon en el monte Sinaí mientras Moisés ascendía a la montaña para estar en comunión con Dios durante cuarenta días. Israel supuso que Moisés había muerto en su larga ausencia, así que obligaron a Aarón a fabricar un ídolo para adorarlo (Éxodo 32:1). Aarón tomó oro del pueblo y creó un becerro de oro. El pueblo declaró que el becerro los había sacado de Egipto (Éxodo 32:4). Sacrificaron al ídolo en medio de sus celebraciones e inmoralidad sexual.

Moisés descendió de la montaña y vio sus abominaciones. Se enfadó y arrojó las tablas de piedra inscritas por Dios, rompiéndolas (Éxodo 32:19). Así, Dios declaró su intención de destruirlos y utilizar a Moisés para fundar una nueva nación. Moisés, sin embargo, empezó a interceder en favor de Israel, pidiendo a Dios perdón y el restablecimiento de la paz.

> *"[25]Así me postré ante el SEÑOR cuarenta días y cuarenta noches, como me postré al principio; porque el SEÑOR había dicho que os destruiría.[26]Oré, pues, al SEÑOR, y dije: Señor DIOS, no destruyas a tu pueblo y a tu heredad, que has redimido con tu grandeza, que sacaste de Egipto con mano poderosa.[27]Acuérdate de tus siervos Abraham, Isaac y Jacob; no mires la obstinación de este pueblo, ni su maldad, ni su pecado:[28]No sea que en la tierra de donde nos sacaste digan: Por cuanto JEHOVÁ no pudo introducirlos en la tierra que les había prometido, y por cuanto los aborrecía, los sacó para matarlos en el desierto."* — **Deuteronomio 9:25-28**

Después, Moisés destruyó el ídolo y castigó a los que pecaron voluntariamente. En primer lugar, reprendió a Aarón y le preguntó: "¿Qué te ha hecho este pueblo para que lo hayas conducido a tal maldad?". El segundo resultado de la ira de Dios fue sobre los líderes impenitentes que se niegan a humillarse avergonzados y deliberadamente hacen alarde de su oposición a Él. Finalmente, en respuesta a una llamada de Moisés para que le apoyaran contra la inmoralidad y la idolatría, los levitas se pusieron a su lado. Después, Moisés ordenó a los levitas que mataran a todos los que se negaran a humillarse en arrepentimiento, y allí mataron a 3.000.

Moisés regresó entonces a la montaña en busca del pueblo (Éxodo 32:30). Además de los 3.000 muertos que se rebelaron descaradamente, el Señor envió una plaga como castigo adicional. Dios amenazó con quitar Su presencia de entre ellos y dejar que un ángel los guiara. Mientras Moisés suplicaba a Dios que no los abandonara, Dios escuchó la oración de Moisés y le concedió su deseo.

Todas las cosas son visibles para Dios. Incluso antes de que Moisés descendiera de la montaña, Dios ya había visto la pecaminosidad que había invadido al pueblo (Éxodo 32:7-8). El pecado traerá la ira de Dios sobre el pueblo, y se requiere expiación (Gálatas 6:7). Moisés se reunió con Dios tres veces después del comportamiento pecaminoso de Israel para perdonar sus pecados y pidió que Dios no retirara Su presencia de ellos.

Sin embargo, continuar con un estilo de vida obstinado y sin arrepentimiento puede alejar el favor de Dios de una persona: no se responderá a las oraciones, se alejará la misericordia, la protección y la presencia de Dios (Isaías 59:1-2; Jeremías 18:17). La humildad, la oración y la confesión son necesarias para el perdón. Dios se deleita en mostrar misericordia. Confesión genuina en humildad de perdón y restauración.

El renacimiento de Josué e Israel

Josué fue fiel a Dios cuando Moisés le envió a él y a los otros once espías a inspeccionar la Tierra Prometida. Sucedió a Moisés como líder de Israel. Dios le había dicho que le daría la tierra. Así pues, Josué y sus hombres cruzaron el río Jordán y entraron en Canaán. Expulsaron a las naciones que antes habitaban allí y tomaron posesión de la tierra.

Además, Josué vivió la tierra y quiso que su nación siguiera sirviendo a Dios hasta su muerte a los 110 años. Así, reunió a los Israelitas y a sus líderes ante el Señor y les relató cómo Dios los había guiado y bendecido abundantemente, cumpliendo Sus promesas basadas en temer y servir a Dios y en desechar a los dioses abominables. Aunque otros seguían abandonando los estatutos y mandamientos de Dios y adoraban a los ídolos, él les ordenó que desecharan a esos dioses extraños.

> *"Ahora, pues, temed a Yahveh, servidle con sinceridad y con verdad, y dejad los dioses a los que sirvieron vuestros padres al otro lado del río y en Egipto. Servid al Señor. Pero si os negáis a servir al Señor, elegid hoy a quién serviréis. ¿Preferiréis los dioses a los que sirvieron vuestros antepasados al otro lado del Éufrates? ¿O serán los dioses de los amorreos en cuya tierra vives ahora? En cuanto a mí y a mi familia, serviremos al Señor."*— **Jos. 24:14-15**

Debemos ponernos del lado de Josué para servir al Señor. Como llevó al pueblo a renovar su pacto con Dios. También es importante que al reunirnos confesemos nuestros pecados y nos volvamos de nuestros pecados personales y corporativos, reconociendo la santidad de Dios y renovando la comunión con Él.

Renacimiento con el profeta Samuel en Israel

Israel se volvió infiel a Dios durante el reinado de Samuel. Adoraban a Astarot de los cananeos. Samuel mostró a Israel cómo habían faltado a los mandamientos que Dios dio a Moisés. Dijo a todos los israelitas

*"Si volvéis al Señor de todo corazón, libraos de los dioses extranjeros y de Astoret, encomendaos al Señor y servidle sólo a él, y él os librará". - **1 Samuel 7:3***

Samuel convenció a los Israelitas para que se deshicieran de todos los ídolos y adoraran y sirvieran sólo a Dios. Después de muchas opresiones de los filisteos, Israel se dio cuenta de su necesidad de Dios.

- Fueron a Mizpa, sacaron agua y la derramaron a Dios. Ese día ayunaron y confesaron su infidelidad a Dios.
- Después, destruyeron todos los ídolos que les impedían reconocer al único Dios vivo y verdadero.

   *"Reunid a todo Israel en Mizpa, e intercederé por vosotros ante el Señor. También dijo: En cuanto a mí, Dios me libre de pecar contra el Señor dejando de orar por vosotros. Dejar de orar es un pecado contra Dios." — **1 Samuel 7:5***

Samuel hizo una ofrenda sacrificial a Dios para conseguir el perdón de Israel e intercedió por el pueblo en Mizpa. También oró por Israel durante la guerra que derrotó a los filisteos, reconquistando sus tierras. Después de eso, Samuel sirvió como líder de Israel en Mizpa (1 Samuel 7:1-11). Por lo tanto, la oración persistente y la confesión son esenciales durante el avivamiento para volver a Dios.

El renacimiento del profeta Elías

Tras la muerte de Salomón, Israel se dividió en dos reinos. Judá e Israel gobernados cada uno por un rey diferente. Cuando el Reino del Norte de Israel se rebeló contra Dios con la idolatría, Elías pronunció una sequía sobre la nación durante tres años y medio. Israel, inspirado por el rey Acab y la reina Jezabel, adoraba a Baal, su dios de la fertilidad y de la lluvia, que formaba parte de la cultura circundante. Al cabo de tres años, Elías convocó un concurso de holocaustos entre él y los profetas de Baal, para que determinaran a quién debían adorar.

Después de que Dios realizara un milagro a través de Elías en el Monte Carmelo, el pueblo declaró su apoyo a Dios, y Elías los llevó a matar a todos los profetas de Baal. Dios mostró su superioridad sobre los profetas de Baal, ya que Elías mostró el poder de Dios cuando oró, y el fuego del cielo consumió el sacrificio, lo que los profetas de Baal no pudieron hacer. Israel cayó de rodillas y adoró a Dios.

> *"[37]Escúchame, Yahveh, escúchame, para que este pueblo sepa que tú eres Yahveh Dios, y que has hecho volver su corazón. [38]Entonces cayó el fuego del SEÑOR, y consumió el holocausto, y la leña, y las piedras, y el polvo, y lamió el agua que estaba en la zanja. [39]Y viéndolo todo el pueblo, cayeron sobre sus rostros, y dijeron: Jehová, él es el Dios; Jehová, él es el Dios."* ---- 1 ***Reyes 18:37-39***

Israel se arrepintió de seguir a Baal y declaró que el Dios de Israel es el único Dios. Finalmente, Israel restauró el verdadero culto a Dios y la lluvia fue abundante. Dios a menudo permite situaciones desafiantes para ayudarnos a identificar nuestras debilidades y confiar en Él.

El renacimiento del rey Asa y el cambio moral

Asa, el tercer rey de Judá, fue un hombre íntegro. Su gobierno marcó un renacimiento en el culto a Dios. Asa buscó la palabra de Dios y volvió a dedicar los vasos a la casa de Dios.

> *"Asá ordenó a Judá que buscara al SEÑOR, el Dios de sus padres, y que guardara la ley y el mandamiento. Quitó también de todas las ciudades de Judá los lugares altos y los altares de incienso. Y el reino tuvo reposo bajo él." — **2 Crónicas 14:4-5**

- El rey Asa desmanteló los centros de idolatría que Salomón había establecido en sus últimos años para apaciguar a sus esposas extranjeras.
- Llevó al pueblo a obedecer las leyes y los mandamientos de Dios. Judá reconstruyó su ciudad bajo su liderazgo.
- El Señor lo bendijo, lo guió y le dio seguridad con prolongados períodos de paz y prosperidad. Dios le hizo victorioso en las guerras (2 Crónicas 14).

Posteriormente, confió en la ayuda humana en una batalla y en los médicos para curar su enfermedad. Tomó los tesoros del templo y se los dio al rey de Siria para que lo protegiera del rey de Israel. No debemos buscar la ayuda del hombre ni dar la gloria de Dios al hombre.

No debemos permitir que el éxito y los engañosos estilos de vida fáciles nos influyan, ni que la búsqueda personal nos aleje del Señor.

El renacimiento del rey Josafat

Josafat gobernó Judá tras la muerte de su padre, Asá. Dependía de Dios, a diferencia de los reyes anteriores que buscaban la ayuda de dioses extranjeros como Baal. Josafat eliminó los lugares de culto a dioses extranjeros, como los postes de Asera. Josafat siguió el ejemplo de David al principio de su reinado, por lo que el Señor estaba con él. El Señor aseguró su reino, y él llegó a ser rico y respetado.

- El temor de Dios se apoderó de las naciones circundantes, haciendo que no se plantearan la guerra contra él (2 Crónicas 17:10).
- Los filisteos, enemigos de Israel y Judá, le trajeron regalos y plata como tributo. Los árabes también le trajeron 7.700 carneros y 7.700 cabras (2 Crónicas 17:11).
- Reforzó la seguridad militar con la construcción de fortalezas por todo el país (2 Crónicas 17:12-13).
- Tenía tropas contadas y estacionadas en ciudades fortificadas por todo Judá (2 Crónicas 17:14-19).

Cuando se vio rodeado por sus enemigos de cuatro naciones poderosas, declaró un ayuno y el pueblo pidió ayuda a Dios. Dios respondió a sus oraciones y derrotó a los enemigos que vinieron contra Judá (2 Crónicas 20). El pueblo tardó cuatro días en recoger el botín de sus enemigos.

Después de eso, Judá disfrutó de paz y prosperidad. Josafat desagradó a Dios cuando hizo alianzas con los reyes de Israel que no servían a Dios. Debemos buscar el consejo de Dios, esperar en Él, y no en recursos para nuestro beneficio que no le agradan.

El renacimiento de Judá por el rey Josías

El rey Josías fue el último gran rey de Judá antes del cautiverio babilónico. Manasés, su abuelo, había reinado durante 55 años, llevando a la nación a la idolatría. Manasés adoraba ídolos, a Moloc. Derramó y ofreció a sus hijos en el fuego como parte del ritual de adoración y llenó Jerusalén de sangre inocente (2 Reyes 21:16). Por lo tanto, Dios decidió enviar a Judá al cautiverio debido a la maldad de Manasés. Durante su cautiverio, Manasés se arrepintió de su maldad casi al final de su vida. Dios escuchó su oración y misericordiosamente le permitió regresar a Jerusalén, donde trató de deshacer todos sus males contra Dios. Sin embargo, Amón siguió el modelo de maldad de su padre, volvió a la idolatría y reinó sólo dos años. A los ocho años, Josías se convirtió en rey, y gobernó en Jerusalén durante treinta y un años. Sirvió fielmente al Señor y siguió los caminos de David. Además, condujo al pueblo a renovar el Templo.

Cuando el Sumo Sacerdote encontró el Libro de la Ley en el Templo, lo leyó ante Josías. Se entristeció al oír lo que contenía, porque no lo habían cumplido. Así que ordenó a sus ancianos que preguntaran al Señor qué estaba escrito en la ley. Cuando fueron a ver a la profetisa Hulda, ella les dijo que Dios traería el desastre sobre Judá según todo lo escrito en el libro que el rey de Judá había leído a causa de sus pecados. Sin embargo, Hulda declaró que Dios no castigaría a Judá durante el reinado del rey Josías porque éste se humilló ante el Señor cuando escuchó el juicio de Dios.

A pesar de su profecía favorable, Josías convocó a los ancianos y al pueblo al Templo, y los sacerdotes les leyeron la ley. Entonces Josías encargó al pueblo que restaurara el pacto con Dios. Se trataba de obedecer las leyes que Él había dado y servir a Dios con todo su bienestar. Después de esta confesión, los sacerdotes y los porteros quitaron las cosas idólatras del Templo, como se les había ordenado. Luego, fuera de Jerusalén, los quemaron en el valle del Cedrón y llevaron las cenizas a Betel. Como resultado, mataron a los sacerdotes que adoraban ídolos. Por último, destruyó todas las cosas idólatras implantadas en presencia del pueblo. Desde Gaba hasta Beerseba, Josías hizo que todo volviera a ser como Dios había ordenado.

> *"Ni antes ni después de Josías hubo un rey como él que se volviera al Señor como él lo hizo: con todo su corazón, con toda su alma y con todas sus fuerzas, conforme a toda la Ley de Moisés." — 2* **Reyes 23:25**

Después de que el rey de Egipto se dirigió a luchar contra Asiria, Josías fue a luchar contra él, a pesar de que Dios le dijo que no lo hiciera. Como resultado de su desobediencia, mataron a Josías en la batalla. Llevaron su cuerpo a Jerusalén y lo enterraron.

Al igual que Josías, un intercesor, se rindió de rodillas y clamó por un profundo quebrantamiento. Debemos caer con la comunión rota a causa de la rebelión y la falta de conocimiento de los sagrados mandamientos de Dios (Amós 4:6). El avivamiento comienza con la humildad después de buscar la Palabra y la oración. Dios espera que Su pueblo sea humilde ante Él y se aparte de sus vidas injustas. El arrepentimiento es la gracia de Dios que te permite cambiar la dirección de tu corazón. Además, Dios obra con gracia para guiar a los hombres al arrepentimiento

King Ezequías y el renacimiento de Judá

El rey Ezequías, hijo de Acaz, tenía veinticinco años cuando se convirtió en rey de Judá; reinó en Jerusalén durante veintinueve años. Se convirtió en rey de Judá después de los reinados de varios reyes que desobedecieron a Dios. En Judá se había producido una gran decadencia, injusticia y negligencia hacia Dios. También asumió el reinado en la época en que los ejércitos invasores habían destruido el reino septentrional de Israel. No obstante, obedeció e hizo lo que era agradable a los ojos del SEÑOR.

- Volvió a abrir las puertas del Templo de Dios, que su padre había cerrado.

- Convocó a los sacerdotes y levitas para que sacaran todas las cosas profanadas del santuario. Advirtió que sus antepasados habían sido infieles y habían hecho lo que era malo a los ojos de Dios. Así que abandonaron Su morada; le dieron la espalda. Dejaron de quemar incienso y holocaustos en el santuario del Dios de los Templos. Entonces el Señor los convirtió en objetos de espanto, horror y burla.

- También les pidió que renovaran su pacto con el Dios de Israel para que su feroz ira se apartara de ellos.

- Le recordó a Judá que no debía seguir descuidando sus deberes. Ya que el SEÑOR los había escogido para estar en su presencia, ministrarle y guiar al pueblo en la adoración y presentarle ofrendas. Los levitas limpiaron el Templo del SEÑOR, tal como lo había ordenado el rey. Quitó los ídolos, los templos paganos y los altares de Judá. Sustituyó las cosas idólatras por las dedicadas a Dios y al servicio del Templo.

Ezequías convocó a los funcionarios de la ciudad, se dirigió al Templo del Señor y ofreció sacrificios a Dios. Luego estacionó a los levitas en el

Templo del SEÑOR. Por último, cumplió todos los mandamientos que el Señor dio al rey David a través de Gad, el vidente del rey, y del profeta Natán. También restableció la celebración sacrificial de la Pascua como fiesta nacional.

Además, restableció el culto en el Templo. Así pues, hubo una inmensa alegría en la ciudad, pues Jerusalén no había visto una celebración como ésta desde los días de Salomón, el hijo del rey David. Entonces, los sacerdotes y levitas se pusieron de pie y bendijeron al pueblo, y Dios escuchó su oración desde su santa morada en el cielo. Cuando volvieron a Dios, fueron prósperos. Así, también se deshizo de los despiadados asirios que habían derrotado a muchas naciones y venció a los filisteos. Fortificó las murallas de Jerusalén contra el asedio.

Ezequías tuvo éxito en todo lo que hizo porque, mientras obedecía, Dios estaba con él. Siguió a Dios y restauró el servicio para Él. Condujo al pueblo de Judá a través de un período de avivamiento interior y exterior, teniendo sólo esperanza y pasión por Dios.

Sin embargo, como mostró jactanciosamente sus posesiones a los asirios, Dios le advirtió que se llevarían esas posesiones. Así pues, debemos aprender a no vanagloriarnos ni olvidarnos del Señor en tiempos de bendición (2 Reyes 16-21, 2 Crónicas 28-33).

El profeta Jonás y el renacimiento nacional de Nínive

Dios encargó a Jonás que predicara el arrepentimiento a Nínive, aunque los ninivitas eran hostiles a Israel. Sin embargo, se dirigió a Tarsis en lugar de a Nínive porque sabía que Dios mostraría misericordia hacia ellos si se arrepentían. Desgraciadamente, en medio de su viaje se desató una terrible tormenta, y la tripulación del barco se perdió y encontró a Jonás culpable de su desastre. Por ello, Jonás confesó su culpa, y los marineros lo arrojaron por la borda y pidieron a Dios que los perdonara.

"Te rogamos, Señor, que no permitas que perezcamos por la vida de este hombre, y no nos acuses de sangre inocente; porque Tú, Señor, has hecho lo que te ha placido." — ***Jonás 1:14***

Dios llamó la atención de Jonás cuando una ballena se lo tragó. Dentro de la ballena, tuvo un avivamiento personal y se reconcilió con Dios. Jonás permaneció dentro de la ballena durante tres días y clamó a Dios.

"Clamé al Señor a causa de mi aflicción, Y Él me respondió. Desde las entrañas del Seol clamé, y Tú oíste mi voz. Me arrojaste a las profundidades, al corazón de los mares, y me rodearon las aguas; todas tus olas y tus marejadas pasaron sobre mí. Entonces dije: 'He sido arrojado de Tu vista, pero volveré a mirar hacia Tu santo Templo'. Las aguas me rodearon hasta el alma; El abismo se cerró en torno a mí; La maleza se enredó en mi cabeza. Descendí a las amarras de los montes; La tierra con sus cerrojos se cerró tras de mí para siempre; Con todo, Tú has sacado mi vida de la fosa, Señor, Dios mío." — ***Jonás 2:2***

Tras reconocer su rebeldía, aceptó la disciplina de Dios y se arrepintió. Después de eso, a Jonás se le dio otra oportunidad de entregar la Palabra de Dios a Nínive (Jonás 3:2). Este, Jonás fue y proclamó fielmente la palabra de Dios, diciendo,

"Cuarenta días más y Nínive será derribada." — **Jonás 3:4**

Cuando el rey de Nínive oyó el juicio de Dios, hizo un llamamiento al arrepentimiento nacional y al ayuno en busca de la misericordia de Dios. Los ninivitas ayunaron y se arrepintieron, y Dios perdonó sus pecados y les mostró misericordia. Pero Jonás se enfureció, esperando el desastre. Quería que la ciudad fuera castigada por su maldad. Después se sentó fuera de la ciudad, esperando la destrucción que nunca llegó. Sin embargo, la ciudad se arrepintió al oír la Palabra, lo que demuestra que el corazón de Dios está con las personas perdidas en el pecado. Dios perdonará al pecador arrepentido, pero Jonás no tuvo el corazón para alegrarse por la salvación del pueblo de Nínive. Un padre terrenal hubiera reemplazado a Jonás con otra persona dispuesta a recibir Su mensaje, pero no nuestro Padre Celestial.

Aunque Jonás intentó escapar de la misión, Dios nunca lo abandonó. Así, debemos hacer la voluntad de Dios cuando Él nos comisiona. Él puede utilizar situaciones desagradables para llamar a la gente al arrepentimiento. La oración es una parte esencial de nuestra vida. Dios es misericordioso y no juega con favoritismos. Debemos alegrarnos cuando la gente se arrepiente, sabiendo que Dios tiene el control y está más interesado en desarrollar nuestro carácter.

> *"Y oró a Jehová, y dijo: Te ruego, oh, Jehová, ¿no era éste mi dicho, cuando aún estaba en mi tierra? Por eso hui antes a Tarsis; porque sabía que tú eres Dios clemente y misericordioso, lento para la ira y de gran bondad, y que te arrepientes del mal."* —- **Jonás 4:2**

Joel y el renacimiento de Judá

El profeta Joel fue el profeta de Judá durante el reinado del rey Joás. Proclamó el mensaje de Dios sobre el desastre inminente y el juicio por el pecado, y su decisión de golpear al reino de Judá sin previo aviso. Nubes oscuras descenderían sobre las tierras con langostas y arrasarían todo ser verde viviente en cuestión de horas. Sin embargo, Dios les dijo que tocaran la trompeta, santificaran un ayuno y convocaran una asamblea solemne durante la crisis. Les ordenó que se arrepintieran y ayunaran por Su salvación. Los hombres necesitaban arrepentirse al acercarse el juicio; Judá necesitaba reconciliar su corazón con Dios. El corazón del pueblo de Dios es donde comienza el avivamiento. Dios deseaba que le rindieran sus vidas y voluntades por completo. Se produjo un avivamiento cuando el pueblo se arrepintió y se humilló con oraciones y ayunos (Joel 1:13-14).

> *"Por tanto, también ahora, dice el Señor, convertíos a mí de todo corazón, con ayuno, llanto y lamentación: Rasgad vuestro corazón, y no vuestros vestidos, y convertíos a Jehová vuestro Dios; porque clemente y misericordioso es, tardo para la ira y grande en misericordia. ¿Quién sabe si volverá y se arrepentirá, y dejará tras de sí una bendición, una ofrenda y una libación para Jehová tu Dios? Tocad la trompeta en Sión, santificad un ayuno, convocad una asamblea solemne:" — **Joel 2:12-15**

La gente se quitó la ropa como señal externa de dolor y tristeza. Sin embargo, se trataba más de una muestra que de un dolor genuino. A Dios no le interesaban los rituales, sino el corazón (Salmo 139:23-24). Así, Dios les prometió bondad, victoria sobre el enemigo, audacia, fecundidad, alegría, bendiciones, abundancia y restauración del honor. Dios les prometió el Espíritu Santo, que cumplió cuando Dios derramó Su Espíritu sobre los discípulos en Pentecostés (Hechos 2). El Señor está atento a los que le buscan. Aquellos que lo desean lo encontrarán. Dios está interesado en bendecir abundantemente a Su pueblo. Durante este día del Señor, Dios destruirá a Sus enemigos, pero traerá bendiciones incomparables a aquellos que le obedezcan fielmente.

Debemos recordarnos Su bondad, misericordia, presencia y compasión. Dios quiere que pongamos fin a nuestra desobediencia. Ya que Él es Santo, nosotros también debemos ser santos.

Nehemías, Esdras y el renacimiento de la palabra de Judá

Setenta años después de que los babilonios destruyeran el Templo de Jerusalén, el gobernador Zorobabel, junto con personas piadosas como Nehemías, reconstruyó el Templo. Nehemías también reconstruyó las murallas de la ciudad y desempeñó un papel esencial en el renacimiento espiritual. Posteriormente, Esdras dirigió un renacimiento espiritual cuando reunió a todos los israelitas y les leyó la ley (Nehemías 8:9-11).

Llevó al pueblo al arrepentimiento tras narrar cómo Dios hizo un pacto con Abraham, liberó a Israel de Egipto y le dio la tierra de Canaán. Esdras también relató cómo Israel había sido infiel a Dios a pesar de Su bondad y compasión (Esdras 9:3). Así, el pueblo volvió a dedicarse a servir al Señor (Nehemías 8, 9, 10).

Dios no olvida sus promesas, pero algunas de ellas son condicionales. Por ejemplo, la promesa de restauración, curación, perdón y bendición depende de que busquemos humildemente el rostro de Dios en arrepentimiento. Esdras apeló a las promesas hechas por el Dios que guarda el pacto. Como intercesores, debemos tener presentes los hechos pasados de Dios y su fidelidad para actuar poderosamente en el momento oportuno. Así, el avivamiento comienza en nuestros corazones cuando nos arrepentimos de nuestra rebelión.

Hageo y el renacimiento

En el libro de Hageo, desagradó a Dios que el pueblo detuviera la obra del Templo y comenzara a construir sus propias casas, diciendo: "No ha llegado el tiempo, el tiempo en que deba edificarse la casa del Señor" (Hageo 1:2). Esto hizo que cesaran las bendiciones de Dios. Sin embargo, cuando Hageo profetizó y alentó al pueblo, éste continuó la obra del Templo mientras Dios les daba poder. Como resultado, Dios les prometió Su paz y mayor gloria que antes (Hageo 2:1-23).

Zacarías

En las visiones de Zacarías, el enemigo se resistía a Josué, el sumo sacerdote, porque estaba sucio. Sin embargo, Dios le cambió la ropa y le perdonó. Sin embargo, tendrían que confiar en Dios para terminar el Templo. Zacarías también profetizó que Zorobabel terminaría la construcción del Templo que había comenzado. Además, Dios le animó a no despreciar los pequeños comienzos, sino a obedecer la palabra de Dios (Zac. 4:7-10).

Renacimientos en el Nuevo Testamento

Dios liberó a Israel frecuentemente del pecado y la esclavitud. Pero ellos continuaron rebelándose y burlándose de Sus misericordias a menudo. Por lo tanto, todos los avivamientos en el Antiguo Testamento fueron de corta duración. La gente a menudo regresaba a su maldad después de disfrutar de la libertad por un tiempo. Especialmente después de que el intercesor moría; por lo tanto, estos avivamientos no restauraban la plena comunión entre el pueblo y Dios. Había un ciclo continuo de decadencia y renovación entre el pueblo de Dios (Jueces 2:10-19). Israel finalmente sufrió un período de sequedad espiritual sin revelaciones abiertas, ya fuera a través de profecías, visiones o sueños. No había líderes, excepto los fariseos, que llevaban vidas espirituales secas y descarriaron a muchos. Además, los saduceos negaban el poder de Dios y creían en rituales. Sin embargo, había esperanza de un redentor. Los intercesores Los intercesores del Antiguo Testamento, que eran un anticipo del intercesor definitivo, predijeron la venida de Cristo. Estas profecías inspiraron a intercesores como Simeón y Ana a orar por su cumplimiento. Dios ordenó a Juan el Bautista como precursor para preparar el camino antes de Cristo (Mal 3:1-3; Isaías 40:3-5).

Juan Bautista y el renacimiento

El profeta Malaquías predijo el ministerio de Juan el Bautista. Más tarde, Dios envió al ángel Gabriel para decir al padre de Juan, Zacarías, que Dios había escuchado sus oraciones, y que él y su esposa Isabel, anciana y estéril, tendrían un hijo llamado Juan. Juan será un gran hombre para el Señor. Como nazareno, nunca beberá vino ni cerveza. Incluso antes de nacer, estará lleno del Espíritu Santo. Ayudará a mucha gente de Israel a volver al Señor su Dios. El mismo Juan se adelantará a Jesús y preparará a la gente para su venida. Será poderoso como Elías y tendrá el mismo espíritu. Hará la paz entre padres e hijos. Hará que la gente que no obedece a Dios cambie. Juan tuvo que llevar una vida restringida y austera durante su preparación. Vivió aislado en el desierto la mayor parte de su vida. Sin embargo, predicó con valentía la palabra inflexible de Dios, centrándose en el arrepentimiento. Juan el Bautista predicó el juicio de Dios en Israel por la desobediencia y el servicio inadecuado a Dios. No hizo milagros (Juan 10:41), pero el avivamiento de Juan se manifestó de las siguientes maneras:

- Predicó la Confesión y el Arrepentimiento del Pecado.
- Bautismo en agua.
- Proclamó a Jesús como el Mesías.
- Compromiso - Adoración a Dios a través de Jesús.
- Volver a obedecer la ley de Dios.
- El resultado trae alegría y prosperidad.

Así pues, los judíos de Jerusalén y Judea acudieron a escuchar las palabras de Juan. Él los bautizó en el río Jordán después de que confesaran sus pecados. El pueblo lo veneraba como a un verdadero profeta de Dios. Anunció a Jesús y siempre señalaba a la gente hacia Jesús, diciendo: "El que viene detrás de mí es más poderoso que yo". (Mateo 3:11). La gente quería vivir obedientemente y tenía hambre de más de Dios. Por eso, la multitud acudió a Juan y le pidió consejo sobre lo que debían hacer para salvarse, y él les aconsejó.

*"Maestro", le preguntaron, "¿qué debemos hacer?". "**No recojáis más de lo que debéis**", les dijo. Entonces unos soldados le preguntaron: "¿Y nosotros qué debemos hacer?". Él les contestó: No extorsionéis y no acuséis a la gente falsamente; contentaos con vuestra paga." — **Lucas 3:13-14**

Jesús y el renacimiento

Jesús sigue siendo el resucitador definitivo que reunió el corazón del hombre con Dios. Antes de su llegada, Juan el Bautista predicó que el juicio de Dios sobre el mundo era inminente y que el pueblo debía arrepentirse para salvarse. Juan bautizó a Jesús y más tarde lo presentó como el Cordero de Dios que carga con el pecado de la humanidad. Juan también declaró que Dios había confiado todo a su hijo, Jesús.

Jesús reunió a sus discípulos para su ministerio de salvación después de triunfar sobre las tentaciones de Satanás. Su ministerio se centró en difundir el Evangelio y mostrar la naturaleza amorosa de Dios hacia el hombre, con curaciones y liberaciones que trajeron gran alegría a la gente. La gente se maravillaba de su nueva doctrina y daba gloria a Dios por dar tal poder al hombre (Mateo 9:1-8).

*"Pero Jesús les dijo: Tengo que anunciar la buena noticia del reino de Dios también a las demás ciudades, porque para eso he sido enviado." — **Lucas 4:43**

Su ministerio se extendió por todas partes, y enormes multitudes le seguían dondequiera que iba. Sanaba todas las enfermedades y expulsaba a todos los demonios. Predicaba en las sinagogas de Galilea y Judea y expulsaba a los demonios. Los líderes religiosos ricos e influyentes buscaban una audiencia con Jesús. Sin embargo, la multitud que seguía a Jesús dificultaba que la gente se le acercara. Su fama se extendió por toda la región con estos milagros, y los fariseos se preguntaban cómo el mundo entero había ido tras Él.

En Samaria: Mientras Jesús y sus discípulos viajaban por Samaria hacia Galilea, se encontró con una mujer samaritana que dio lugar al avivamiento en la ciudad llamada Sicar. Mientras sus discípulos iban a la ciudad de Sicar a comprar comida hacia el mediodía, Jesús se sentó junto al pozo de Jacob, cansado del viaje, y una mujer samaritana se acercó al pozo para sacar agua. Los judíos habían detestado tradicionalmente a los samaritanos durante años, por lo que la mujer se sorprendió de que Jesús le pidiera agua. Él reveló además su estilo de vida impío, y ella lo percibió como un profeta. Jesús le enseñó la verdadera adoración, diciendo que Dios desea a los que le adoran en espíritu y en verdad. Ella dejó su vasija en el pozo y regresó a la ciudad, llevando a mucha gente a conocer a Jesús. Cuando los habitantes de Samaria también escucharon el mensaje de Jesús, creyeron en Él. Le pidieron que se quedara con ellos, y Jesús se quedó con ellos unos días.

> *"²⁸Entonces la mujer, dejando su cántaro, se fue a la ciudad, y dijo a los hombres:²⁹Venid, ved a un hombre que me ha dicho todas las cosas que he hecho: ¿no es éste el Cristo?"* — **Juan 4:28-29**

La misión de los Apóstoles: Jesús enseñó a sus discípulos y les dio autoridad para curar a otros en su nombre. Envió a los apóstoles a predicar el reino de Dios, curar a los enfermos y expulsar a los demonios. También dio autoridad a otros setenta discípulos, que fueron como un equipo avanzado a todos los lugares que planeaba visitar. Los discípulos regresaron de su misión e informaron a Jesús de las obras milagrosas que habían realizado en favor de la gente. Pero Jesús les advirtió que debían alegrarse porque sus nombres estaban en el cielo.

> *"¹⁷Y los setenta volvieron otra vez con gozo, diciendo: Señor, hasta los demonios se nos sujetan por tu nombre. ¹⁸Y les dijo: Yo veía a Satanás caer del cielo como un rayo. He aquí, os doy potestad de hollar serpientes y escorpiones, y sobre toda fuerza del enemigo; y nada os dañará. Pero no os alegréis de esto, porque los espíritus se os sujetan; gozaos más bien de que vuestros nombres están escritos en los cielos."* — **Lucas 10:17-20**

Renacimiento definitivo

El máximo renacimiento de Dios para la humanidad tuvo lugar cuando Cristo murió en la cruz por los pecados y nos reconcilió con Dios. El lugar de Su amor incondicional y sacrificio desinteresado a los pecadores caídos que no lo merecían.

> *"En esto consiste el amor: no en que nosotros hayamos amado a Dios, sino en que Él nos amó a nosotros y envió a su Hijo como propiciación por nuestros pecados."* — **1 Juan 4:10**

En la Cruz, Jesucristo, el Cordero de Dios, se ofreció para expiar nuestros pecados mediante Su sacrificio (1 Juan 2:2). La ira de Dios es contra toda nuestra impiedad e injusticia, porque la paga de nuestros pecados y rebelión a Dios es la muerte. Jesús tomó y cargó con todos nuestros pecados, la condenación y las consecuencias de nuestros pecados. El Hijo Santo satisfizo la condición y ofreció a la humanidad el perdón completo y la vida eterna. El hombre es impotente y no puede ganarse el amor o la aceptación de Dios mediante la justicia propia o el esfuerzo, porque todos somos como cosas inmundas, y toda nuestra justicia es como trapos de inmundicia. Por eso, Él tendió un puente entre el Dios santo y el hombre pecador mediante el perdón, la misericordia y la paz.

Además, cuando Jesús exhaló su último aliento en la cruz, cayeron las tinieblas, la tierra tembló, las rocas se partieron y los muertos resucitaron. Derrotó al diablo y tomó dominio sobre el infierno. A través de esto, Él derrotó el poder del pecado en nuestras vidas (1 Juan 3:16).

En consecuencia, liberó a la humanidad de la esclavitud del pecado y de Satanás. La maldición de la ley fue destruida en la Cruz y el poder del pecado sobre nosotros fue roto, y la vieja naturaleza pecaminosa fue apagada en la Cruz - liberando la misericordia, el perdón, la sanidad, la liberación y la bendición de Dios para el hombre.

El Espíritu Santo y el renacimiento

Joel profetizó la efusión del Espíritu Santo sobre toda carne en los últimos días (Joel 2:28-32). Juan el Bautista bautizó a los judíos con agua para perdonarles los pecados. Pero dijo a Israel que Jesús los bautizaría con el Espíritu Santo y con fuego". (Mateo 3:11).

Después de Su resurrección, Jesús les dijo a los Suyos que no salieran de Jerusalén hasta que el Padre enviara Su promesa, que Jesús dijo que era un bautismo con el Espíritu Santo para que le diera poder para cumplir Su misión en todo el mundo Así, en el Día de Pentecostés, un día en que Israel celebraba los primeros frutos de la cosecha de trigo 50 días después de la celebración de la Pascua, cuando muchos discípulos estaban orando, el Espíritu vino sobre ellos (Hechos 1:4-5, 2:33).

> *"¹Y cuando llegó el día de Pentecostés, estaban todos unánimes en un mismo lugar. ²Y de repente vino del cielo un estruendo como de un viento recio que soplaba, el cual llenó toda la casa donde estaban sentados. ³Y se les aparecieron lenguas repartidas, como de fuego, que se asentó sobre cada uno de ellos. ⁴Y fueron todos llenos del Espíritu Santo, y comenzaron a hablar en otras lenguas, según el Espíritu les daba que hablasen."* —- **Hechos 2:1-4**

Mientras hablaban en otras lenguas, judíos devotos y otros hombres de otras naciones podían entenderles en sus lenguas extranjeras (Hch 2,6). Esta señal milagrosa asombró a algunos, mientras que otros se burlaban de ellos tachándolos de borrachos (Hch 2,13-14). Entonces, lleno del Espíritu Santo, Pedro habló de Cristo y dirigió la palabra de salvación a la multitud. Después de esto, la gente se arrepintió sinceramente de corazón. Aquel día, ganaron para Cristo a unas tres mil personas. Además, los creyentes desarrollan una pasión por las almas con una profunda preocupación por los perdidos. La oración de intercesión tiene un tremendo impacto en la evangelización. El sermón de Pedro fue profundamente diferente después de recibir el Espíritu Santo. Su predicación penetró en sus corazones y provocó una respuesta inmediata de la multitud. Cerca de tres mil personas se salvaron y bautizaron aquel día (Hechos 2:37-42).

"³⁶Sepa, pues, ciertísimamente toda la casa de Israel, que a aquel Jesús a quien vosotros crucificasteis, Dios le ha hecho Señor y Cristo. ³⁷Oyendo esto, se compungieron de corazón, y dijeron a Pedro y a los otros apóstoles: Varones hermanos, ¿qué haremos? ³⁸Entonces Pedro les dijo: Arrepentíos, y bautícese cada uno de vosotros en el nombre de Jesucristo para perdón de los pecados, y recibiréis el don del Espíritu Santo. ³⁹Porque para vosotros es la promesa, y para vuestros hijos, y para todos los que están lejos, para cuantos el Señor nuestro Dios llamare. ⁴⁰Y con otras muchas palabras testificaba y exhortaba, diciendo: Salvaos de esta generación perversa. ⁴¹Y los que recibieron su palabra fueron bautizados; y se les añadieron aquel mismo día como tres mil personas. ⁴²Y perseveraban en la doctrina de los apóstoles, en la comunión unos con otros, en el partimiento del pan y en las oraciones." — Hechos 2:36-42

Después, hablaron de las cosas hermosas que Dios había hecho mientras ayudaban a difundir el Evangelio por todo el mundo. El avivamiento se extendió por todo el Imperio Romano, entre judíos y gentiles, a pesar de la severa persecución de múltiples grupos: Judíos, líderes religiosos y paganos.

El renacimiento de Felipe en Samaria

El avivamiento en Samaria formaba parte del mandato que Jesús dio a los discípulos de difundir el Evangelio, comenzando en Jerusalén, Judea, luego en Samaria y hasta el último rincón del mundo. Además, la persecución de los creyentes contribuyó enormemente a la difusión del Evangelio. La persecución en Jerusalén precipitó el traslado de Felipe a Samaria para predicar el Evangelio. La gente se preparó cuando Felipe llegó con su mensaje. Dios confirmó la predicación de Felipe con señales y prodigios. Un hechicero, Simón, se convirtió y posteriormente se bautizó.

*"Porque espíritus inmundos, clamando a gran voz, salían de muchos endemoniados; y muchos paralíticos y cojos quedaban curados. Y hubo gran gozo en aquella ciudad." — **Hechos 8:7-8***

Los apóstoles en Jerusalén enviaron a Pedro y Juan a Samaria cuando les dijeron que Samaria había aceptado el evangelio. Después de llegar a Samaria, los apóstoles oraron para que los nuevos creyentes recibieran el Espíritu Santo.

El eunuco y Felipe

Felipe obedeció a un ángel y se dirigió a un solitario camino del desierto. El Espíritu Santo le pidió que se reuniera con un eunuco etíope cuando lo encontró. Felipe predicó al eunuco, que leía las Escrituras sin entender. autizó al eunuco después de aceptar a Jesús como su Señor, y el eunuco se fue con alegría. Felipe se encontró en la ciudad de Azoto. Predicó el Evangelio allí y en todas las aldeas de la costa, hasta Cesárea.

Renacimiento en la casa de Cornelius

Cuando Cornelio tuvo una visión, obedeció el mensaje del ángel de Dios. Inmediatamente envió a tres hombres para decirle a Pedro que fuera a su casa. Cornelio reunió a su familia y conocidos para escuchar el mensaje de Pedro en previsión de su regreso con Pedro. Dios también le dijo a Pedro que fuera a ver a Cornelio, aunque era gentil. Tras las formalidades iniciales entre Pedro y Cornelio, el Espíritu Santo descendió sobre todos los que escuchaban a Pedro mientras predicaba el evangelio de Cristo. Se quedó varios días, enseñando y difundiendo la vida y el ministerio de Jesús. Cornelio y los suyos se convirtieron en creyentes (Hechos 10:1-48).

Pablo y el renacimiento de los gentiles

Pablo y otros discípulos, como Bernabé, Silas, Juan Marcos, Lucas y Timoteo, emprendieron viajes misioneros que llevaron el avivamiento a judíos y gentiles en Antioquía, Atenas, Corinto, Éfeso, Iconio y muchas otras ciudades. Por ejemplo, hubo un gran avivamiento en una cárcel de Filipos, cuando Pablo y Silas alabaron a Dios en su aprieto. Las autoridades los encarcelaron por orar por una mujer endemoniada cuyos amos ganaban dinero con su adivinación. Los amos estaban furiosos porque habían perdido su sustento gracias a las adivinaciones de la señora. Así que denunciaron a Pablo y Silas ante el magistrado, que los encarceló. Pero mientras Pablo y Silas oraban y alababan a Dios a medianoche, Dios provocó un terremoto, y todas las puertas de la cárcel se abrieron.

El guardián de la cárcel, temiendo que los presos se hubieran escapado, intentó suicidarse, pero Pablo le aseguró que todos estaban allí. Entonces, preguntó cómo podía salvarse, y después de que Pablo hubo predicado, él y su familia creyeron (Hechos 16:16-34). Sin embargo, Pablo sufrió muchas persecuciones por predicar el Evangelio. Por ejemplo, en Listra, Pablo y Bernabé oraron por un discapacitado, pero algunos judíos instigaron a la gente a apedrear a Pablo arrastrándolo fuera de la ciudad, suponiendo que estaba muerto.

La necesidad de intercesores

El mundo sigue alterando la creación de Dios, incluidos los valores piadosos establecidos por el Señor para nuestro beneficio. Nos hemos apartado de las normas que Dios estableció para la humanidad. La Biblia dice que, en los últimos días, el amor de muchos se enfriará, y los seres humanos serán codiciosos y jactanciosos, traidores, embriagadores y altaneros blasfemos, en lugar de mirar a Cristo. Como resultado, muchos también se apartarán de la fe. Por ejemplo, hemos degradado el sistema familiar instituido por Dios para adaptarlo a nuestros deseos impíos. La sociedad ha devaluado el cuerpo humano creado a imagen de Dios con todo tipo de impiedad. Tristemente, lo llamamos iluminación. Además, el hombre ha degradado la creación de Dios a causa de la codicia y el poder. Las masas de agua, la vegetación y el aire han sido contaminados en nuestra búsqueda de más riqueza y poder. La gente perece sin esperanza. Pero hay esperanza y paz cuando aceptamos a Cristo en nuestros corazones. Dios concede misericordia cuando nos arrepentimos. Sin arrepentimiento, no puede haber avivamiento. Tampoco hay remisión de pecados ni vida eterna para los alejados de Dios. Confiar en la carne y en el entendimiento humano sin Cristo no produce el poder de Dios. Por lo tanto, los intercesores deben levantarse y permanecer en la brecha para el avivamiento en nuestras sociedades. El avivamiento traerá de vuelta a los que se alejan del Señor. Las relaciones familiares pueden ser restauradas, y la unidad de la iglesia puede ser restablecida despertando a la sociedad de la apatía. Que los santos vasos de Dios intercedan en nuestro favor sin corrupción trae esperanza renovada, fe y un mayor sentido de unidad y amor. Amén.

Conclusión

Hermanos, aquí estamos, al final de nuestro viaje de estar en la brecha en lugar de la oración, pidiendo a Dios su misericordia para restaurar a otros; Dios había intervenido a través de Jesús para restaurar la comunión. Aprendiste que la intercesión es una iniciación de Dios. Él determina las condiciones de las oraciones de intercesión.

Dejamos muy claro que Dios derramó su abundante misericordia y que ya había predestinado a Jesús a ponerse en la brecha en lugar de la oración antes de que Adán y Eva se revelarán en el Jardín del Edén. Jesús tenía el mandato de implorar la misericordia de Dios, restaurar al hombre en medio de la miseria y la separación, y reconciliar al hombre con Dios. Recuerda también que antes de Jesús, Dios inició la intercesión para restaurar la relación Dios-hombre. Entonces, consagró sólo a unos pocos justos selectos, como Abraham, Moisés y el sacerdocio levítico, que tenían el privilegio de acceder a Su presencia, expiar el pecado y orar por Su pueblo.

Sin embargo, algunos sacerdotes violaron sus acuerdos con Dios y desempeñaron mal sus funciones. Maltrataban a sus esposas, a las viudas, a los huérfanos y a los necesitados. Además, oprimían a los extraños, negaban la justicia, defraudaban a las personas llamadas a ayudar y se volvían ineficaces, y Dios los castigaba y honraba a los que obedecían.

Cuando Jesús se manifestó a su debido tiempo, intercedió expiando nuestros pecados en la cruz y reconciliándonos con Dios. También hizo sacerdote a todo creyente. Por lo tanto, es un mandato para todos los hombres orar sin cesar en el Espíritu en todas las ocasiones, en contraste con el Antiguo Testamento, donde sólo unos pocos elegidos tenían el mandato de orar a Dios. De ahí que la intercesión siga siendo relevante para el cuerpo de Cristo en la sociedad cristiana contemporánea. Dios restaura la fe en Él en tiempos difíciles cuando intercedemos. Jesús pagó el precio de nuestra redención, pero la humanidad perece en las tinieblas. Por eso, Dios desea que nos levantemos e intercedamos por los demás. A Dios le duele que no oremos por los demás. La intercesión es un canal a través del cual Dios libera bendiciones. Dios destruye el plan del enemigo cuando intercedemos.

Además, Dios busca intercesores hoy en día, ya que todos los creyentes en Cristo han sido llamados al ministerio de la intercesión. Así, muchos intercesores oraron a Dios por el bien de las personas en la historia. Los profetas, los sacerdotes, Jesús, los Apóstoles, los primeros creyentes y la Iglesia intercedieron. Por lo tanto, todos los creyentes deben ponerse en la brecha y orar por los demás.

Como creyentes de hoy e intercesores de mañana, debéis permanecer en la brecha en oración por los demás. Tenemos al Espíritu Santo como nuestro ayudante para presentarnos ante el trono de Dios, arrepintiéndonos y confesando nuestros pecados, pidiendo perdón por las comunidades con humildad.

Además, los intercesores deben ser vasos de honor que posean rasgos piadosos. Dios siempre establece el estándar para Sus siervos, ya que nadie puede acercarse al Dios Santo con inmundicia. Como resultado, Él consagra y unge a los hombres para honrarlo. Él también desea un corazón humilde, obediencia y fidelidad en la adoración. Los sacerdotes levitas tenían características piadosas, sin embargo, exhibían defectos.

Pero el último intercesor, Jesús, fue el único intercesor perfecto. Él es también el vaso sin pecado que derrotó a Satanás. Amor, paz, compasión, paciencia y obediencia fueron cualidades que Él exhibió en Su ministerio terrenal. Él ha empoderado a cada creyente con el Espíritu para vivir una vida santa y dar frutos espirituales.

La oración tiene principios, por lo que los sacerdocios con funciones intercesoras tenían un modelo de oración. Dios proporcionó a Moisés el modelo para todo el sacerdocio de Israel en el Antiguo Testamento. Los sacerdotes tenían el mandato de ministrar ante Dios con sacrificios y ofrendas. El sumo sacerdote estaba en la brecha y expiaba los pecados de impureza en el Templo. Sin embargo, el sacrificio de sangre animal no podía limpiar a los sacerdotes y a Israel de la injusticia.

Así, Jesús, el Sumo Sacerdote eterno, lavó a la humanidad de sus pecados, algo que los sacrificios de sangre de los sacerdotes levitas no podían ofrecer. Él les dio la agencia para vivir en la presencia de Dios, ofrecer sacrificios espirituales de alabanza, y disfrutar de una comunión íntima con Él. Jesús satisfizo todos estos requisitos en el Nuevo Testamento cuando expió los pecados de la humanidad y de sí mismo con su sangre. Jesús se convirtió en el gran Sumo Sacerdote y el último intercesor. Imputó su justicia a todos los creyentes y dio un modelo perfecto de oración, que abarca la alabanza, la confesión de los pecados, la acción de gracias y la súplica privada, siguiendo los impulsos del Espíritu Santo según la predeterminación.

Como la mayor bendición del hombre, la oración debe recibir respuestas desprovistas de obstáculos como la idolatría, la desobediencia, la incredulidad, la extorsión, la vida familiar impía, la impaciencia, las ofensas y el pecado no confesado. También observamos que algunos sacerdotes del Antiguo Testamento no mostraban reverencia a Dios ofreciendo sacrificios imperfectos y maltratando a sus esposas y a los menos privilegiados de su entorno, por lo que no eran intercesores eficaces. Jesús, el Sumo Sacerdote, y el último intercesor, obedeció a Dios y recibió respuestas a sus oraciones. Jesús advirtió a Sus discípulos sobre los pecados condenables como la incredulidad, la ofensa y muchos otros que hacen que las oraciones no sean respondidas. Por lo tanto, estos obstáculos identificados deben ser confesados y eliminados.

También propugnamos el avivamiento. Como dice la Biblia, en estos últimos días, el amor de muchos se enfriará, y los seres humanos serán codiciosos y jactanciosos. Serán despreciadores del bien, traidores, embriagadores y altaneros blasfemos, interesados en sus propias vidas, orgullosos de sus logros físicos en lugar de mirar a Cristo. También se apartarán de la fe. Además, muchas más personas tienen la forma de piedad, pero niegan el poder.

Además, una guía sobre la intercesión significa que todos debemos levantarnos y ser específicos en la confesión y el arrepentimiento, preparando nuestros corazones para el movimiento del Espíritu de Dios en la oración. Sin embargo, confiar en la carne y en el entendimiento humano sin santidad y pureza no produce el poder de Dios. Debemos orar fervientemente por la proclamación precisa de las Escrituras con el pleno poder del Espíritu para nuestras almas. Intercedemos por todos según el corazón de Dios. Los intercesores deben suplicar por audacia para proclamar la Palabra porque las almas empoderadas traen avivamiento y poder. El propósito de Dios es cumplir Sus vasijas con valor santo, oración ferviente, y escritura. Podemos traer de vuelta al redil del Señor a aquellos que se han alejado. La sociedad puede ser despertada de la apatía y restaurar las relaciones familiares y la unidad de la iglesia.

Que Dios le bendiga por leer este libro. Espero que lo hayas disfrutado. Recuerda poner en práctica las lecciones que has aprendido. ¡Amen!

SOBRE EL AUTOR

Henry R. Darko es un cristiano renacido que cree que Jesús ha restaurado la comunión del hombre con el Padre permitiéndole ser aprobado por Dios a través de Su hijo. Le apasiona enseñar el amor de Dios para ayudar a las personas a transformar sus vidas. También es autor del libro El enemigo interior.

Es licenciado en Matemáticas por la Universidad de Ciencia y Tecnología Kwame Nkrumah de Kumasi (Ghana). Además, obtuvo su Busca Ing. (Ciencias Informáticas e Ingeniería de la Comunicación) y Ms. Ing. (Informática e Ingeniería de la Comunicación, especialidad en Ingeniería de la Comunicación). en la Universidad de Duisburgo-Essen, Duisburgo, Alemania.

Ha ofrecido sus servicios en la Universidad Técnica de Tamale, Tamale Ghana, Social Security and Nacional Insúrjanse Trust Ghana, Makita Wartburg, Duisburg, Alemania, y Philips Priv-ID, Eindhoven, Países Bajos.

Su mensaje se detiene en la importancia de la intercesión en estos últimos días o tiempos finales y en los requisitos de Dios para una intervención eficaz. Además, define las oraciones de intercesión, los intercesores y sus cualidades, y analiza cómo interceder. También destaca cómo eliminar los obstáculos a las oraciones y los beneficios de la intercesión para gloria de Dios.

Henry R. Darko es ahora un siervo del Todopoderoso. Como miembro del cuerpo de Cristo, ha servido y ministrado en varios puestos. Ha sido bendecido con la compañía de su esposa, Ama, y sus hijos. Además, es un apasionado de la enseñanza y la intercesión.